学ぶ人は、変えてゆく人だ。

目の前にある問題はもちろん、

人生の問いや、

社会の課題を自ら見つけ、

挑み続けるために、人は学ぶ。

「学び」で、

少しずつ世界は変えてゆける。

いつでも、どこでも、誰でも、

学ぶことができる世の中へ。

旺文社

共通テスト

英語リーディング
集中講義

駿台予備学校講師
三浦淳一 著

旺文社

　2021年1月，第1回となる大学入学共通テストが行われました。共通テストの「英語 リーディング」では，従来のセンター試験に出題されていた発音・アクセント問題，文法・語法問題，語句整序問題は姿を消し，完全に読解問題のみになりました。2022年1月実施の共通テストでも同様の出題内容でした。

　この2回（第2日程／追試験も含めれば4回分）の出題内容を見る限り，共通テストの方向性はほぼ定まったと考えて良さそうです。受験生の皆さんにとって幸いなことに，このテストは対策が容易です。大学受験の標準レベルの語彙力があり，英文を読む練習をそれなりにこなせば，あとは少しコツを掴んだだけで満点に近い得点が期待できます。

　本書では，共通テスト「英語 リーディング」のすべての設問に対し，一貫した解き方でアプローチしています。具体的には，**①事前準備⇒②設問チェック⇒③情報検索**という3段階の流れを徹底しています。大問ごとに解き方がコロコロ変わるのでは，いかにわかりやすい解説を付けたところで，その解き方を自分のものにするのは困難です。本書を読み進めるにつれ，問題を解く「フォーム」が無意識のうちに定着し，常に同じ手順で正解を出せるようになります。

　多くの受験生が，共通テストに関して，「文章が長すぎて時間内に解き終わらない」という悩みを持っています。本書では，解答プロセスの無駄を省き，時間のロスを減らすことにより，この悩みに対する解決策を明快に示しました。なお，本書で用いた解き方は，英検などの語学検定試験や難関私立大学の個別試験にも効果を発揮するはずです。しっかり身につけて目標達成に役立ててください。

三浦淳一

▶「大学入学共通テスト」とは？

　「大学入学共通テスト」（以下「共通テスト」）とは，各大学の個別試験に先立って行われる全国共通の試験です。国公立大学志望者のほぼすべて，また私立大学志望者の多くがこの試験を受験し，大学教育を受けるための基礎的な学習の達成度を判定されます。

▶ 共通テスト「英語 リーディング」の特徴は？

　共通テスト「英語 リーディング」の問題を見て，誰もが「量が多い」という印象を持つでしょう。従来のセンター試験でも年々英文の分量が増えていったのですが，共通テストは発音や文法・語法などの知識を問う問題がなくなった分，さらに読むべき英文の分量が増加しました。英文だけではなく，大問によっては複数の資料（グラフ，表，プレゼンテーションのドラフトなど）が付され，解答に必要な情報が散らばっているので，「読む」というより「探す」という作業が求められます。また，本文や資料の中に数値データが多く含まれ，解答に際して計算が必要になる場合もあります。伝記やストーリーの問題では，時系列に従って出来事を整理することが求められますが，記述の順序が必ずしも時系列と一致せず，人物関係が複雑（途中で呼称が変化するなど）なので，メモを取って整理しながら読まないと混乱します。

▶ どのように対策すればいい？

　まず，大学受験の標準レベルの語彙力は必要です。それは，英文を読んで内容を理解する上でも必要ですが，設問を解く上でも大きなポイントになります。正解の選択肢は，本文と同じ内容を，本文とは異なる表現を用いて言い換えられています。そこで，この言い換えを見抜く語彙力が求められるのです。

　次に，英文を正確に読む力を身につけましょう。具体的には，英文の構造（SV，節の範囲，andやorが何を並べているか，など）を把握し，正確に和訳をする練習をします。1文1文を正確に読めるようになったら，まとまった長さの英文について，「要するに何が言いたいのか」「言いたいことを伝えるためにどのような論理展開をしているのか」を意識して読む練習をしましょう。

　最後に，問題を解く力を身につけましょう。「何となく」選択肢を選ぶのではなく，「第○段落第○文に『…』と書いてあるから，この選択肢は×」のように明確な根拠をもって選択肢を判定することが重要です。

本書の特長と構成

本書の特長

　本書は，共通テスト「英語　リーディング」の対策に必要な学習を，1冊で完成することを目的としています。

▶ インプットとアウトプットができる2部構成

- ・「例題」（共通テスト過去問題）を解きながら解法を**インプット**！
- ・「チャレンジテスト」（過去問題を分析して作成したオリジナル問題）で**アウトプット**のトレーニング！

▶ 問題の解き方が身につく

　実際の出題に即して，大問ごとに3ステップで解説をしていますので，問題形式への理解が深まります。また，例題では「問題の解き方」をわかりやすくまとめています。

　どのような読解問題が出題されても対応できるよう，ステップ1「リード文チェック（事前準備）」⇒ステップ2「設問文チェック」⇒ステップ3「本文の情報検索」という3ステップの解法で，各ステップを1つずつ詳しく説明しています。問題によって各ステップの内容は若干異なりますが，基本の流れは同じです。解き進めるうちに解き方が身につき，無理なく取り組むことができます。

▶ さらなるインプットで得点力アップを目指す

　各章末の「高得点獲得への道」というコーナーには，さまざまな場面ごとに，よく使用される語句をまとめています。得点力アップを目指しましょう。

本書の構成

▶ 問題

難易度
★～★★★の3段階
で表示しています。

GUIDANCE
問題の内容や流れなど
の説明です。

例題
共通テスト過去問題
（第6問Bは試行調査）
です。

チャレンジテスト
オリジナル問題です。

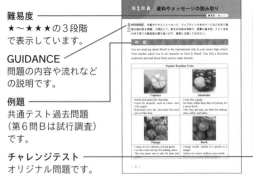

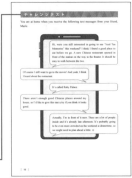

解答・解説

問題の解き方 ———

解き方のステップをまとめています。
「例題」と「チャレンジテスト」で共通のため、「例題」の解説に掲載しています。

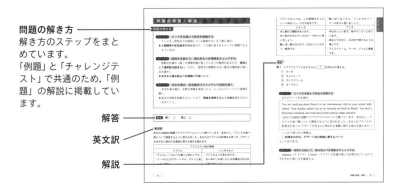

解答 ———
英文訳 ———
解説 ———

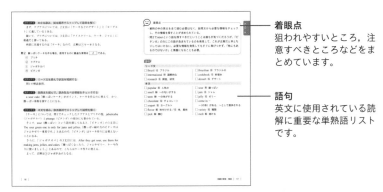

着眼点

狙われやすいところ、注意すべきところなどをまとめています。

語句

英文に使用されている読解に重要な単熟語リストです。

高得点獲得への道

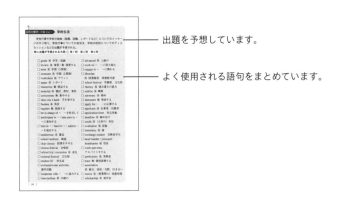

— 出題を予想しています。

— よく使用される語句をまとめています。

もくじ

編集協力・問題作成：株式会社シー・レップス
校正：大磯巖，大河恭子，笠井喜生（e.editors），山本知子，Jason A. Chau
装丁デザイン：及川真咲デザイン事務所（内津剛）
本文デザイン：ME TIME（大貫としみ）
編集担当：清水理代

共通テストを実施する大学入試センターは，「共通テストでは現在国際的に広く使用されているアメリカ英語に加えて，場面設定によってイギリス英語を使用することもある」と2019年に発表し，実際にイギリス英語の表記がいくつか見られています。

＞共通テストで使用されたイギリス英語

			本書掲載	日本語	イギリス英語	アメリカ英語
2021年度	第1日程	第2問B		気づく	realise	realize
				校長	head teacher [headteacher]	principal
		第3問A	○	地下鉄	underground [tube]	subway
				道路工事	roadworks	road construction [repair]
		第3問B		learnの過去形	learnt	learned
				準備する	organise	organize
	第2日程	第3問B	○	大好きな	favourite	favorite
2022年度	本試験	第2問A		プログラム	programme	program
				1階	ground floor	first floor
		第2問B		準備する	organise	organize
				アパート	flat	apartment
				要約する	summarise	summarize
	追試験	第2問A		中心	centre	center
		第3問A		色	colour	color

※2021年度 第1日程 第3問B，第2日程 第3問Bでも「centre」が使用されました。

これらは，詳しい知識がなくても，問題を解く上で支障はありませんが，一応知っておいた方が安心なので，上記以外のものを整理しておきましょう。

❯ イギリス英語とアメリカ英語で表現が異なるもの

日本語	イギリス英語	アメリカ英語
休暇	holidays	vacation
サッカー	football	soccer
請求書，勘定	bill	check
紙幣	note	bill
エレベーター	lift	elevator
ガソリン（スタンド）	petrol (station)	gas (station)
ズボン	trousers	pants
成績	mark	grade
荷物	luggage	baggage
予約	booking	reservation
秋	autumn	fall
携帯電話	mobile (phone)	cellphone
列	queue	line
（有料で）借りる	hire	rent
郵便ポスト	postbox	mailbox
トイレ	toilet	restroom

❯ アメリカ英語と異なるイギリス英語のスペリング

① アメリカ英語の -or が -our になる 例：color ⇒ colour／flavor ⇒ flavour／neighbor ⇒ neighbour
② アメリカ英語の -se が -ce になる 例：defense ⇒ defence／offense ⇒ offence／license ⇒ licence
③ アメリカ英語の -ze が -se になる 例：realize ⇒ realise／organize ⇒ organise／apologize ⇒ apologise
④ アメリカ英語の -er が -re になる 例：center ⇒ centre／theater ⇒ theatre／liter ⇒ litre
⑤ その他 例：catalog ⇒ catalogue／program ⇒ programme／aging ⇒ ageing／ check ⇒ cheque

第1問 A

資料やメッセージの読み取り

設問数	**2** 問
配点	**4** 点
解答時間	約 **2 ～ 3** 分
英文語数	約 **140 ～ 160** 語

🏛 **GUIDANCE**　手紙やテキストメッセージ，ウェブサイトや本のページなどを見て情報を読み取る問題。小問は2つ。英文の内容は単純で，語彙も基本的。テスト全体の中で見ても難易度は最も低いので，確実に正解しておきたい。

例　題

You are studying about Brazil in the international club at your senior high school. Your teacher asked you to do research on food in Brazil. You find a Brazilian cookbook and read about fruits used to make desserts.

Popular Brazilian Fruits	
 **Cupuaçu**	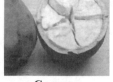 **Jabuticaba**
· Smells and tastes like chocolate · Great for desserts, such as cakes, and with yogurt · Brazilians love the chocolate-flavored juice of this fruit.	· Looks like a grape · Eat them within three days of picking for a sweet flavor. · After they get sour, use them for making jams, jellies, and cakes.
 **Pitanga**	 **Buriti**
· Comes in two varieties, red and green · Use the sweet red one for making cakes. · The sour green one is only for jams and jellies.	· Orange inside, similar to a peach or a mango · Tastes very sweet, melts in your mouth · Best for ice cream, cakes, and jams

問 1　Both *cupuaçu* and *buriti* can be used to make ⬚ 1 ⬚.

① a cake

② chocolate

③ ice cream

④ yogurt

問 2　If you want to make a sour cake, the best fruit to use is ⬚ 2 ⬚.

① *buriti*

② *cupuaçu*

③ *jabuticaba*

④ *pitanga*

（共通テスト）

問題の解き方

ステップ1 リード文を読んで状況を理解する

リード文（状況などを説明している最初の文）を丁寧に読む。

▶**人物関係や状況設定がわかる**ので，この後の英文をスムーズに理解できるようになる。

ステップ2 設問文を読んで，読み取るべき情報をチェックする

設問文を読む（誤った情報が頭に残ってしまう可能性があるので，**原則として選択肢は読まない**。ただし，設問文の情報が少ない場合は選択肢に軽く目を通す）。

▶**本文から読み取るべき情報**が明確になる。

ステップ3 本文を読み，該当箇所でストップして設問を解く

本文を読み進め，必要な情報を発見したら，いったんストップして設問を解く。

▶英文の内容を把握するというより，**情報を検索するような読み方**をするのがポイント。

解答 問1 ① 問2 ③

英文訳

あなたは高校の国際クラブでブラジルについて調べています。先生から，ブラジルの食べ物について調査するように言われました。あなたはブラジルの料理本を見つけ，デザートを作るのに使われる果物に関する部分を読みます。

ブラジルで人気の果物	
クプアス	ジャボチカバ
・チョコレートのような香りと味わいです。 ・ケーキなどのデザートやヨーグルトに適しています。	・ブドウのような見た目です。 ・甘い味わいを楽しむには収穫後3日以内に食べましょう。

・ブラジルの人々は，この果物のチョコレート味のジュースが大好きです。	・酸っぱくなったら，ジャムやゼリー，ケーキ作りに使いましょう。
ピタンガ	ブリチ
・赤と緑の2種類があります。 ・甘い赤の方のピタンガはケーキ作りに使いましょう。 ・酸っぱい緑の方のピタンガはジャムやゼリー専用です。	・中はオレンジ色で，桃やマンゴーに似ています。 ・味はとても甘く，口の中で溶けるような感じです。 ・アイスクリーム，ケーキ，ジャムに最適です。

解説

問1　クプアスとブリチはどちらも ［ 1 ］ を作るのに使える。

① ケーキ

② チョコレート

③ アイスクリーム

④ ヨーグルト

ステップ1　リード文を読んで状況を理解する

以下のリード文を読む。

You are studying about Brazil in the international club at your senior high school. Your teacher asked you to do research on food in Brazil. You find a Brazilian cookbook and read about fruits used to make desserts.

「あなたは高校の国際クラブでブラジルについて調べています。先生から，ブラジルの食べ物について調査するように言われました。あなたはブラジルの料理本を見つけ，デザートを作るのに使われる果物に関する部分を読みます。」

ここから得られた情報は，

□ 料理本の中の，デザート用の果物に関するページ

という点である。

ステップ2　設問文を読んで，読み取るべき情報をチェックする

cupuaçu（クプアス）と buriti（ブリチ）の共通の使い方が問われているので，それぞれの使い方を確認する。

まず，クプアスについては，2文目に「ケーキなどのデザート」と「ヨーグルト」に適しているとある。

続いて，ブリチについては，3文目に「アイスクリーム，ケーキ，ジャム」に最適だと書いてある。

両者に共通するのは「ケーキ」なので，正解は①**ケーキ**となる。

問2　酸っぱいケーキを作る場合，使用するのに最適な果物は　2　である。
　①　ブリチ
　②　クプアス
　③　ジャボチカバ
　④　ピタンガ

問1の解説参照。

a sour cake「酸っぱいケーキ」がポイント。ケーキを作るのに使えて，かつ，酸っぱい果物を探すことになる。

「ケーキ」については，問1でチェックしたクプアスとブリチの他，jabuticaba（ジャボチカバ）とpitanga（ピタンガ）の部分にも書かれている。

そこで，sour（酸っぱい）という語を探してみると，「ピタンガ」の3文目にThe sour green one is only for jams and jellies.「酸っぱい緑の方のピタンガはジャムやゼリー専用です。」とあるので，「ピタンガ」はケーキ作りには使えないことになる。

さらに，「ジャボチカバ」の3文目には，After they get sour, use them for making jams, jellies, and cakes.「酸っぱくなったら，ジャムやゼリー，ケーキ作りに使いましょう。」とあるので，こちらはケーキ作りに使える。

よって，正解は③**ジャボチカバ**となる。

着眼点

- 資料の中の英文を全て読む必要はなく，設問文から必要な情報をチェックし，その情報を探すことが求められている。
- 問2で sour という語を探すべきだということは誰もが気づくだろうが，「ピタンガ」の方にこの語が含まれているのを発見して，これが正解だと早とちりしてはいけない。必要な情報を発見してもすぐに飛びつかず，「他にもあるのではないか」と慎重になることも必要。

語句

リード文

☐ Brazil 名 ブラジル	☐ Brazilian 形 ブラジルの
☐ international 形 国際的な	☐ cookbook 名 料理本
☐ research 名 調査，研究	☐ dessert 名 デザート

本文

☐ popular 形 人気の	☐ sour 形 酸っぱい
☐ smell 動 ～の匂いがする	☐ jam 名 ジャム
☐ taste 動 ～の味がする	☐ jelly 名 ゼリー
☐ chocolate 名 チョコレート	☐ come in ～
☐ yogurt 名 ヨーグルト	～（の形）がある，～として提供される
☐ flavor 動 味付けする／名 味，風味	☐ variety 名 種類
☐ pick 動 摘む	☐ melt 動 溶ける

You are at home when you receive the following text messages from your friend, Marie.

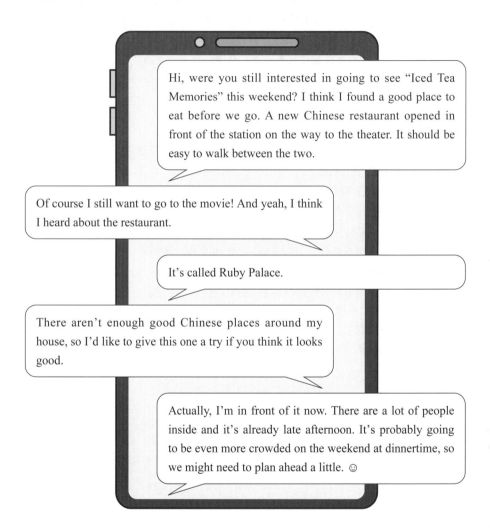

Hi, were you still interested in going to see "Iced Tea Memories" this weekend? I think I found a good place to eat before we go. A new Chinese restaurant opened in front of the station on the way to the theater. It should be easy to walk between the two.

Of course I still want to go to the movie! And yeah, I think I heard about the restaurant.

It's called Ruby Palace.

There aren't enough good Chinese places around my house, so I'd like to give this one a try if you think it looks good.

Actually, I'm in front of it now. There are a lot of people inside and it's already late afternoon. It's probably going to be even more crowded on the weekend at dinnertime, so we might need to plan ahead a little. ☺

問1　You are interested in going to the restaurant because 　1　.
①　it's very close to the station in your hometown
②　there are not many of its type that you like nearby
③　the chef runs one of your favorite restaurants
④　you see many people in line waiting to eat there

問2　What will Marie likely do next?　　2
①　Have lunch at the restaurant.
②　See a movie with you.
③　Look up reviews of the restaurant.
④　Try to make a reservation.

チャレンジテストの解答・解説

解答 問1 ② 問2 ④

英文訳

あなたが自宅にいるとき，友人のマリーから以下のテキストメッセージが届きます。

（マリー）こんにちは，今週末に『アイスティー・メモリーズ』を見に行くことにまだ興味がある？ 行く前に食事をするのに良さそうなお店を見つけたよ。映画館に行く途中の駅前に，新しい中華料理店がオープンしたの。その2つの間を歩くのは楽なはずよ。

（あなた）もちろん，まだ映画を見に行きたいと思っているよ！ そうそう，そのレストランのことは聞いたことがあるような気がする。

（マリー）ルビーパレスというお店よ。

（あなた）我が家の周りにはおいしい中華料理屋さんが少ないので，もしあなたがおいしそうだと思うならこのお店に行ってみたいよ。

（マリー）実は今，そのお店の前にいるの。もう午後の遅い時間だけど，中にはたくさんの人がいるわ。週末の夕食時にはさらに混雑するだろうから，少し前もって計画を立てておく必要があるかもしれないね。☺

解説

問1 あなたがそのレストランに行きたいと思っているのは，| 1 |からである。
① あなたの住んでいる町の駅にとても近い
② あなたが好きなタイプのレストランが近くにあまりない
③ シェフがあなたの気に入っているレストランの1つを経営している
④ たくさんの人がそこで食事をするために並んで待っているのが見える

ステップ1 リード文を読んで状況を理解する

以下のリード文を読む。

> You are at home when you receive the following text messages from your friend, Marie.
> 「あなたが自宅にいるとき，友人のマリーから以下のテキストメッセージが届きます。」

ポイントは，

□「あなた」は家にいる

□「マリー」という友達からメッセージをもらった

という2点。

　ここから，1・3・5番目はマリーからのメッセージで，2・4番目があなたからのメッセージだとわかった。

ステップ2　設問文を読んで，読み取るべき情報をチェックする

　「あなた」がレストランに興味を持った理由が問われている。そこで，「あなた」のメッセージを中心にチェックすることになる。

ステップ3　本文を読み，該当箇所でストップして設問を解く

　「あなた」の2番目のメッセージ（全体では4番目のメッセージ）後半にI'd like to give this one a try「このお店に行ってみたい」とあり，この部分が興味を示しているとわかる箇所である（give ～ a tryで「～を試す」）。直前にso「だから」という接続詞があるので，このメッセージの前半が理由となる。

　前半には，There aren't enough good Chinese places around my house「我が家の周りにはおいしい中華料理屋さんが少ない」とあるので，正解は②あなたが好きなタイプのレストランが近くにあまりないとなる。

❖誤答分析❖

　選択肢①および④は似たような内容が出てくるが，いずれも「マリー」のメッセージの中である。③は該当する記述がどこにもない。

問2　マリーは次に何をしそうか。　　2

①　そのレストランで昼食をとる。

②　あなたと一緒に映画を見る。

③　そのレストランのレビューを調べる。

④　予約をしようとする。

ステップ1　リード文を読んで状況を理解する

　問1の解説参照。

設問文の主語は「マリー」なので，マリーのメッセージを中心にチェック。「次にすること」なので，メッセージの最後の方に必要な情報がありそうだ。

マリーの最後のメッセージの最終文は以下の通り。

> It's probably going to be even more crowded on the weekend at dinnertime, so we might need to plan ahead a little. 「週末の夕食時にはさらに混雑するだろうから，少し前もって計画を立てておく必要があるかもしれないね。」

混雑しそうなレストランに行くために事前にすべきことは，常識で考えて「予約」だろう。よって，正解は④予約をしようとする。となる。

❖誤答分析❖

　①については，確かにマリーの最後のメッセージにlate afternoonとあるが，これは「昼過ぎでも混んでいるので，夕食時はさらに混む」という判断材料を示している部分であって，ランチをしようとしているのではない。

　②については，最初の方のやり取りから「映画に行く」のは正しいとわかるが，マリーの最初のメッセージ第2文にI think I found a good place to eat before we go.「行く前に食事をするのに良さそうなお店を見つけたよ」とあることから，食事の方が映画より前だとわかる。

　③については，このレストランに行くことは2人の間で合意していると思われるので，これから評判をチェックするとは考えにくく，適切でない。

着眼点

　問2の設問文にはlikely（ここでは副詞でprobablyと同様の意味）がある。このような"断定を避ける表現"（他には助動詞mayなど）が設問に含まれている場合，**本文中に明確に書かれていないということを示している**。対処法としては，常識を働かせ，「消去法」で明らかにおかしい選択肢を除外することになる。

語句

テキストメッセージ

☐ in front of 〜　〜の前［正面］に
☐ on the way to 〜　〜に行く途中で
☐ theater 图 映画館

☐ give 〜 a try　〜を試してみる
☐ crowded 形 混雑して
☐ ahead 副 事前に，あらかじめ

設問

☐ close to 〜　〜に近い
☐ hometown 图 住んでいる町
☐ nearby 副 近くに
☐ chef 图 シェフ，料理人
☐ run 動 経営する

☐ favorite 形 気に入っている
☐ in line　並んで，列を作って
☐ look up 〜　〜(情報など) を調べる
☐ review 图 レビュー，評価
☐ make a reservation　予約する

学校行事や学校の勉強（宿題，試験，レポートなど）についてのメッセージのやり取り，学校行事についての告知文，学校の校則についてのディスカッションなどの出題が予想される。

特に出題が予想される大問 ⇨ 第1問・第2問・第4問

- ☐ grade 图 学年／成績
- ☐ review 图 復習／動 復習する
- ☐ term 图 学期（3期制）
- ☐ semester 图 学期（2期制）
- ☐ worksheet 图 プリント
- ☐ paper 图 レポート
- ☐ memorize 動 暗記する
- ☐ material 图 題材，教材，資料
- ☐ concentrate 動 集中する
- ☐ raise *one's* hand 手を挙げる
- ☐ burden 图 負担
- ☐ register 動 登録する
- ☐ be in charge of ～ ～を担当して
- ☐ participate in ～ / take part in ～
  ～に参加する
- ☐ turn in ～ / hand in ～ / submit ～
  ～を提出する
- ☐ auditorium 图 講堂
- ☐ school uniform 制服
- ☐ skip classes 授業をサボる
- ☐ chorus festival 合唱祭
- ☐ school trip / excursion 图 遠足
- ☐ cultural festival 文化祭
- ☐ student ID 学生証
- ☐ extracurricular activities
  課外活動
- ☐ cooperate with ～ ～に協力する
- ☐ intermediate 形 中級の

- ☐ advanced 形 上級の
- ☐ work on ～ ～に取り組む
- ☐ engage in ～ ～に携わる
- ☐ librarian
  图 図書館員，図書館司書
- ☐ school festival 学園祭，文化祭
- ☐ literacy 图 読み書きの能力
- ☐ outline 图 概要
- ☐ summary 图 要約
- ☐ announce 動 発表する
- ☐ apply for ～ ～に応募する
- ☐ applicant 图 応募者，出願者
- ☐ application form 申込用紙
- ☐ deadline 图 締め切り
- ☐ credit 图 （大学の）単位
- ☐ evaluation 图 評価
- ☐ dormitory 图 寮
- ☐ exchange student 交換留学生
- ☐ head teacher / principal /
  headmaster 图 校長
- ☐ work part-time
  アルバイトをする
- ☐ proficiency 图 習熟度
- ☐ tutor 動 個別指導する
- ☐ association
  图 組合，団体／交際，付き合い
- ☐ recess 图 （授業間の）休憩時間
- ☐ scholarship 图 奨学金

第 1 問 B

「表」を含む英文（文字情報のみ）

設問数	3問
配点	6点
解答時間	約4〜5分
英文語数	約240〜270語

難易度：★☆☆

🏠 **GUIDANCE**　ウェブサイト，広告，ポスター，スケジュール表など，英文とそれにリンクした「表」がセットで出題される。文字情報のみでイラストなどはない。小問は3つ。必要な情報さえ発見できれば易しい問題なので，最短時間で全問正解したい。

例　題

Your favorite musician will have a concert tour in Japan, and you are thinking of joining the fan club. You visit the official fan club website.

TYLER QUICK FAN CLUB

Being a member of the **TYLER QUICK (TQ)** fan club is so much fun! You can keep up with the latest news, and take part in many exciting fan club member events. All new members will receive our New Member's Pack. It contains a membership card, a free signed poster, and a copy of **TQ**'s third album *Speeding Up*. The New Member's Pack will be delivered to your home, and will arrive a week or so after you join the fan club.

TQ is loved all around the world. You can join from any country, and you can use the membership card for one year. The **TQ** fan club has three types of membership: Pacer, Speeder, and Zoomer.

Please choose from the membership options below.

What you get (♫)	Membership Options		
	Pacer ($20)	Speeder ($40)	Zoomer ($60)
Regular emails and online magazine password	♫	♫	♫
Early information on concert tour dates	♫	♫	♫
TQ's weekly video messages	♫	♫	♫
Monthly picture postcards		♫	♫
TQ fan club calendar		♫	♫
Invitations to special signing events			♫
20% off concert tickets			♫

◇ Join before May 10 and receive a $10 discount on your membership fee!

◇ There is a $4 delivery fee for every New Member's Pack.

◇ At the end of your 1st year, you can either renew or upgrade at a 50% discount.

Whether you are a Pacer, a Speeder, or a Zoomer, you will love being a member of the **TQ** fan club. For more information, or to join, click *here*.

問1 A New Member's Pack ┃ 3 ┃.
- ① includes TQ's first album
- ② is delivered on May 10
- ③ requires a $10 delivery fee
- ④ takes about seven days to arrive

問2 What will you get if you become a new Pacer member? ┃ 4 ┃
- ① Discount concert tickets and a calendar
- ② Regular emails and signing event invitations
- ③ Tour information and postcards every month
- ④ Video messages and access to online magazines

問3 After being a fan club member for one year, you can ┃ 5 ┃.
- ① become a Zoomer for a $50 fee
- ② get a New Member's Pack for $4
- ③ renew your membership at half price
- ④ upgrade your membership for free

（共通テスト）

例題の解答・解説

ステップ1　リード文を読んで状況を理解する

リード文（状況などを説明している最初の文），タイトル，見出しなどに目を通す。

▶**状況設定や記事の概要などが大まかにつかめる**ので，スムーズに理解できるようになる。

ステップ2　設問文を読んで，読み取るべき情報をチェックする

設問文を読む（誤った情報が頭に残ってしまう可能性があるので，**原則として選択肢は読まない**。ただし，設問文の情報が少ない場合は選択肢に軽く目を通す）。

▶**本文から読み取るべき情報**が明確になる。

ステップ3　本文を読み，該当箇所でストップして設問を解く

本文を読み進め，必要な情報を発見したら，いったんストップして設問を解く。

▶英文の内容を把握するというより，**情報を検索するような読み方をする**のがポイント。「表」の部分は通読せず，解答に必要な情報を探す。

解答　問1　④　　問2　④　　問3　③

英文訳

あなたの好きなミュージシャンが日本でコンサートツアーを行うことになり，あなたはファンクラブに入会しようと考えています。あなたはファンクラブの公式サイトを訪れます。

TYLER QUICK ファンクラブ

　TYLER QUICK（TQ）ファンクラブの会員になるのはとても楽しい！　最新ニュースに乗り遅れず，多くのわくわくするファンクラブ会員向けイベントに参加できます。全ての新規会員様は新メンバーパックをもらえます。それには，会員カー

ド，無料サイン入りポスター，**TQ**のサードアルバム『**_Speeding Up_**』1枚が含まれます。新メンバーパックはご自宅に配送され，ファンクラブ入会後1週間ほどで到着します。

　TQは世界中で愛されています。どこの国からでも入会でき，会員カードは1年間ご利用いただけます。**TQ**ファンクラブには3つのタイプの会員資格があります。Pacer会員，Speeder会員，Zoomer会員です。

　以下の会員資格のオプションから選択してください。

得られるもの［特典］（♫）	会員資格のオプション		
	Pacer （20ドル）	Speeder （40ドル）	Zoomer （60ドル）
定期的なメールとオンラインマガジンへのパスワード	♫	♫	♫
コンサートツアー日程の事前告知	♫	♫	♫
TQからの毎週のビデオメッセージ	♫	♫	♫
毎月の絵ハガキ		♫	♫
TQファンクラブカレンダー		♫	♫
特別サイン会への招待			♫
コンサートチケット20%割引			♫

〈お見逃しなく！〉
◇5月10日以前に入会すれば会費が10ドル割引になります！
◇新メンバーパックは1人分につき4ドルの送料がかかります。
◇1年目の終わりに，50%割引で更新またはアップグレードのどちらかをすることができます。

あなたがPacer会員でも，Speeder会員でも，Zoomer会員でも，**TQ**ファンクラブの会員であることが気に入るでしょう。もっと情報が必要な場合，または入会する場合は<u>こちら</u>をクリックしてください。

【解説】

問1　新メンバーパックは，　3　。

① TQのファーストアルバムを含む
② 5月10日に配達される
③ 10ドルの送料が必要となる
④ 到着に約7日を要する

リード文を読んで状況を理解する

以下のリード文を読む。

Your favorite musician will have a concert tour in Japan, and you are thinking of joining the fan club. You visit the official fan club website.

「あなたの好きなミュージシャンが日本でコンサートツアーを行うことになり，あなたはファンクラブに入会しようと考えています。あなたはファンクラブの公式サイトを訪れます。」

ポイントは，

☐ あなたが好きなミュージシャンのファンクラブのウェブサイトである

☐ そのミュージシャンは日本でコンサートツアーを予定している

という2点。さらに，その後の見出しなどを見ると，

☐ ファンクラブの特典が表になっている（←**What you get**）

☐ 会員には3種類あって特典が異なる（←**Membership Options**）

☐ 最後に補足情報がまとめられている（←**Check it out!**）

ということが確認できる。

ステップ 2　設問文を読んで，読み取るべき情報をチェックする

「新メンバーパック」がどのようなものなのか，本文から情報を探せばよい。

ステップ 3　本文を読み，該当箇所でストップして設問を解く

第1段落第3文にNew Member's Packが出てくる。次の文ではこれをItで受け，具体的な中身が書かれている。

第1段落第4文によれば，新メンバーパックに含まれるのは，

・会員カード

・無料サイン入りポスター

・サードアルバム『Speeding Up』1枚

である。この段階で，選択肢①は×（ファーストアルバムではない！）。

さらに，第1段落最終文では，新メンバーパックが入会後1週間ほどで家に到着するとある（a week or so after ...「…の1週間ほど後に」）。

以上により，正解は④到着に約7日を要するとなる。

❖誤答分析❖

他の選択肢について確認すると，選択肢②の「5月10日」や選択肢③の「10ドル」は本文最後のCheck it out!の部分に出てくるが，「5月10日以前に入会す

れば会費が10ドル割引になる」という内容なので，いずれも正解とならない。なお，新メンバーパックの送料は4ドルと書かれている。

文中の数値を使っていても，選択肢として正しくなければダメなので注意しよう！

問2　新たにPacer会員になると何を得られるか。　☐ 4 ☐
　① 割引コンサートチケットとカレンダー
　② 定期的なメールとサイン会への招待
　③ ツアー情報と毎月のハガキ
　④ ビデオメッセージとオンラインマガジンへのアクセス

ステップ1　リード文を読んで状況を理解する
　問1の解説参照。
　会員には3種類あって特典が異なる（←Membership Options）
という情報を事前にチェックした。

ステップ2　設問文を読んで，読み取るべき情報をチェックする
　Pacer会員の特典についての記述を探せばよい。

ステップ3　本文を読み，該当箇所でストップして設問を解く
　ファンクラブ会員には3つのタイプがあると第2段落最終文に書かれているが，その詳細は本文ではなく「表」にまとめられている。

「表」でPacer会員の特典をチェックすると…

What you get (♫)	Membership Options		
	Pacer ($20)	Speeder ($40)	Zoomer ($60)
Regular emails and online magazine password	♫	♫	♫
Early information on concert tour dates	♫	♫	♫
TQ's weekly video messages	♫	♫	♫
Monthly picture postcards		♫	♫
TQ fan club calendar		♫	♫
Invitations to special signing events			♫
20% off concert tickets			♫

　全部で7つある特典のうち，Pacer会員は上の3つの特典を受けられることがわかった。

Pacer会員の特典：

❶ Regular emails and online magazine password「定期的なメールとオンラインマガジンへのパスワード」

❷ Early information on concert tour dates「コンサートツアー日程の事前告知」

❸ TQ's weekly video messages「TQ からの毎週のビデオメッセージ」

そこで，選択肢を確認すると…

① 割引コンサートチケットとカレンダー
⇒どちらも含まれていない

② 定期的なメールとサイン会への招待
⇒前者は❶に一致するが，後者は含まれていない

③ ツアー情報と毎月のハガキ
⇒どちらも含まれていない

④ ビデオメッセージとオンラインマガジンへのアクセス
⇒前者は❸，後者は❶に一致する。よって，正解は④。

ポイントは，「表」にはpasswordと書かれているのを，選択肢④ではaccessと言い換えているところ。パスワードがあればアクセスできるので，同じことを言っているとわかる。

問3　ファンクラブ会員になって1年後に，│ 5 │できる。

① 手数料50ドルでZoomer会員になることが

② 新メンバーパックを4ドルでもらうことが

③ 半額で会員資格を更新

④ 無料で会員資格をアップグレード

ステップ1　リード文を読んで状況を理解する

問1の解説参照。

ステップ2　設問文を読んで，読み取るべき情報をチェックする

ポイントは「1年後」。

ファンクラブ会員になって1年経過すると何があるのか，についての記述を探すという方針が決まる。

Check it out! の3番目の項目に注目する。

> At the end of your 1st year, you can either renew or upgrade at a 50% discount.「1年目の終わりに，50%割引で更新またはアップグレードのどちらかをすることができます。」

よって，正解は③**半額で会員資格を更新**となる。

本文のat a 50% discountが，選択肢ではat half priceと言い換えられているが，この言い換えはわかりやすいだろう。

❖誤答分析❖

他の選択肢について確認すると，

① 手数料50ドルでZoomer会員になれる
　⇒そのような記述はない。

② 新メンバーパックを4ドルでもらえる
　⇒新メンバーパックの送料は4ドルだが，これは入会時にかかるものである（第1段落第3文）。

④ 無料で会員資格をアップグレードできる
　⇒無料ではなく半額。

 着眼点

・設問文を読めばキーワードがわかるので，そのキーワードを頼りに本文中の該当箇所を探す。それ以外の情報は設問に解答する上で役に立たないので，思い切って読み飛ばそう。

・数値に関わる設問は，本文と同じ数値が含まれていれば正解というわけではない。その数値の持つ意味に注意しよう！

リード文

☐ favorite 形 お気に入りの

ウェブサイト

☐ keep up with 〜
　　〜に遅れずについていく

☐ latest 形 最新の

☐ take part in 〜　〜に参加する

☐ contain 動 含む

☐ membership 名 会員資格，会員権

☐ a copy of 〜　〜の1冊／1部／1枚

☐ deliver 動 配達する

☐ 〜 or so　〜ほど，〜ぐらい

☐ option 名 オプション，選択肢

☐ regular 形 定期的な

☐ date 名 日付

☐ invitation 名 招待

☐ Check it out!
　　よく見て！／見逃すな！／確認せよ！

☐ discount 名 割引

☐ fee 名 料金，手数料

☐ delivery 名 配達

☐ either A or B　AかBのどちらか

☐ renew 動 更新する

☐ upgrade 動
　　アップグレードする，格上げする

設問

☐ include 動 含む

☐ require 動 必要とする

☐ access
　　名 （インターネット上の）アクセス

☐ for free　無料で

You are looking at the website for a local zoo. You take a look at its Hours and Rates page.

Kareta Desert Zoo

\<Hours and Rates*\>

◇ **March 1 – September 30**

9:00 a.m. to 6:00 p.m. (last entry 5:30)

	Adult	Student	Child	Senior	Age 2 and under
Single Day Ticket	$ 17	$ 14	$ 10	$ 14	Free
Weekend Pass**	$ 22	$ 20	$ 15	$ 20	Free

◇ **October 1 – February 28**

10:00 a.m. to 6:00 p.m. (last entry 5:30)

	Adult	Student	Child	Senior	Age 2 and under
Single Day Ticket	$ 14	$ 12	$ 9	$ 12	Free
Weekend Pass**	$ 20	$ 18	$ 14	$ 18	Free

* Audio guides are included with entry.

**Weekend passes are good for both Saturday and Sunday.

\<Special Presentations\>

◆ **Birds of Prey Show – $4**

Starts at 1 p.m.

▶ Watch our expert handlers present some of our largest, most impressive birds at the sanctuary, featuring eagles, hawks, and owls.

◆ **Animal Encounters Experience – $4**

Starts at 3 p.m.

▶ Our keepers let visitors under 10 years old interact face-to-face with some of our animals. To make sure they are not overwhelmed, only 20 tickets are sold each day.

<Annual Memberships>

◇ **Individual – $65**

▶ Allows unlimited access to the zoo for one registered member, along with a free guest ticket for each visit.

◇ **Couple – $90**

▶ Allows unlimited access to the zoo for two registered members, along with a free guest ticket for each visit.

◇ **Family – $110**

▶ Allows unlimited access to the zoo for two registered adult members and two children, along with a free guest ticket for each visit.

All memberships include admittance to any special presentations, including the Birds of Prey Show and the Animal Encounters Experience.

Members also receive 10% off any purchase at the gift shop.

問1　What would be the best option for two adults going on Friday and Saturday in May?　| 3 |
　① Buy two individual tickets for two days.
　② Buy an individual membership.
　③ Buy two weekend passes.
　④ Buy a couple membership.

問2　A college student bought a single day ticket and spent $16. What date did he go and what show did he attend?　| 4 |
　① March 22, Animal Encounters Experience
　② April 4, Animal Encounters Experience
　③ August 17, Birds of Prey Show
　④ November 5, Birds of Prey Show

問3 What is NOT a benefit of membership? 5
① Free access to the events
② An extra admission to the zoo
③ A complimentary audio guide
④ A discount at the zoo's store

チャレンジテストの解答・解説

解答 問1 ② 問2 ④ 問3 ③

英文訳

あなたは，地元の動物園のウェブサイトを見ています。開園時間と入園料のページを見ます。

カレタ砂漠動物園

〈開園時間と入園料*〉

◇3月1日〜9月30日

午前9時〜午後6時（最終入園5時30分）

	大人	学生	子供	シニア	2歳以下
1日券	17ドル	14ドル	10ドル	14ドル	無料
週末パス**	22ドル	20ドル	15ドル	20ドル	無料

◇10月1日〜2月28日

午前10時〜午後6時（最終入園5時30分）

	大人	学生	子供	シニア	2歳以下
1日券	14ドル	12ドル	9ドル	12ドル	無料
週末パス**	20ドル	18ドル	14ドル	18ドル	無料

* 入園料には音声ガイドが含まれます。

**週末パスは土日両方で有効です。

〈特別公開〉

◆猛禽類ショー － 4ドル

午後1時スタート

▶ワシ，タカ，フクロウに代表される，保護区域内で最も大きく最も印象に残る鳥たちを専門の調教師がご紹介しますので，ご覧ください。

◆動物との出会いの体験 － 4ドル

午後3時スタート

▶当園の飼育係により，10歳未満の来園者に動物たちと直接触れ合っていただきます。動物たちが疲れてしまわないように，チケットは1日20枚のみの販売となります。

〈年間会員資格〉

◇個人会員 － 65ドル
▶登録会員1名様が無制限に動物園に入園でき，来園ごとに無料のゲストチケットが
1枚付きます。

◇カップル会員 － 90ドル
▶登録会員2名様が無制限に動物園に入園でき，来園ごとに無料のゲストチケットが
1枚付きます。

◇ファミリー会員 － 110ドル
▶登録会員大人2名様と子供2名様が無制限に動物園に入園でき，来園ごとに無料の
ゲストチケットが1枚付きます。

全ての会員資格には，猛禽類ショーや動物との出会いの体験を含む，どんな特別公
開への参加も含まれます。

ギフトショップでのお買い物も10%割引になります。

解説

問1　大人2人で5月の金曜日と土曜日に行く場合，どの選択肢が最適か。　| 3 |

① 個人チケットを2枚，2日間購入する。

② 個人会員資格を購入する。

③ 週末パスを2枚購入する。

④ カップル会員資格を購入する。

ステップ1　リード文を読んで状況を理解する

以下のリード文を読む。

> You are looking at the website for a local zoo. You take a look at its Hours
> and Rates page.
> 「あなたは，地元の動物園のウェブサイトを見ています。開園時間と入園料
> のページを見ます。」

☐ 動物園のウェブサイト

☐ 時間帯と料金が示されている

ということが確認できた。

　また，資料にもざっと目を通すと，

☐ シーズンや年齢層などによる入園料の違いが表になっている

☐ 特別なショーなどがある

☐ いくつかのタイプの年間会員資格がある

以上3点が確認できた。

ステップ2　設問文を読んで，読み取るべき情報をチェックする

　「大人2人」「5月」「金曜日・土曜日」という条件で，最も入園料が安くなる方法を資料から探す。この2日間だけでも年間会員になった方が得，という可能性もあるから，年間会員資格の部分もチェックする。

ステップ3　本文を読み，該当箇所でストップして設問を解く

　5月とあるので，3月1日～9月30日の入園料を確認すると，以下の2通りが可能。

・金曜日・土曜日ともに1日券　　⇒ 17ドル×2日×2人＝68ドル

・金曜日は1日券＋土曜日は週末パス ⇒ 17ドル×2人＋22ドル×2人＝78ドル

週末パスは土日だけ有効なので，金曜日は1日券になる点に注意。

　今度は年間会員資格を購入する場合を考えよう。

　大人2人ではあるが，カップル会員資格（90ドル）を購入する必要はなく，1人分の個人会員資格でよい（1人は無料のゲストチケットを使用する）。つまり，65ドル。

　以上により，年間の個人会員資格を購入するのが最も安いことがわかった。よって，正解は②個人会員資格を購入する。となる。

問2　ある大学生が1日券を購入して16ドルを使った。彼が来園した日付はいつか，また，どのショーを見たか。　　4

　① 3月22日　動物との出会いの体験

　② 4月4日　動物との出会いの体験

　③ 8月17日　猛禽類ショー

　④ 11月5日　猛禽類ショー

ステップ1　リード文を読んで状況を理解する

　問1の解説参照。

ステップ2　設問文を読んで，読み取るべき情報をチェックする

使った金額から，来園した日付と見たショーを答える問題。入園料の表とショーの料金との組み合わせをチェックする。

ステップ3　本文を読み，該当箇所でストップして設問を解く

まず，1日券の料金は，学生なので，14ドル（3月1日〜9月30日）または12ドル（10月1日〜2月28日）である。猛禽類ショーも動物との出会いの体験も4ドルだが，動物との出会いの体験は10歳未満が対象となっているので，ここではあてはまらない。

そこで，総額が16ドルになる組み合わせは，

入園料12ドル（10月1日〜2月28日）＋猛禽類ショー4ドル

である。

よって，正解は④**11月5日　猛禽類ショー**となる。

問3　会員資格の特典でないものはどれか。　5

① イベントに無料で参加できること
② 1人追加で動物園に入園できること
③ 無料で音声ガイドが付くこと
④ 動物園内のお店で割引を受けられること

ステップ1　リード文を読んで状況を理解する

問1の解説参照。

ステップ2　設問文を読んで，読み取るべき情報をチェックする

会員の特典が列挙されている箇所をチェックする。

ステップ3　本文を読み，該当箇所でストップして設問を解く

Annual Memberships（年間会員資格）というタイトルの後に書かれている内容を見ると，まず会員の種別ごとの説明がある。3種類の会員資格について，それぞれalong with a free guest ticket for each visit「来園ごとに無料のゲストチケットが1枚付きます」と書かれており，これが選択肢②に該当する。

この後，All memberships include ...「全ての会員資格には…が含まれます」と続き，admittance to any special presentations「特別公開への参加」とあり，これが選択肢①に該当する。

最後にMembers also receive 10% off any purchase at the gift shop.「ギフト

ショップでのお買い物も 10% 割引になります。」とあり，これが選択肢④に該当する。

　以上により，①②④は会員資格の特典として書かれている。

　③の「音声ガイド」は最初の Hours and Rates に＊Audio guides are included with entry.「＊入園料には音声ガイドが含まれます。」とあるので，会員でなくても受けられるサービスであることがわかる。

　よって，正解は③無料で音声ガイドが付くこととなる。

 着眼点

　問3のように「…ではないものを選べ」「…に含まれないものを選べ」という設問（NOT問題）を解く際は，基本的に消去法。「含まれるもの」を本文中から探し出し，それに該当する選択肢を消去していけば，自然に正解が得られる。本問では選択肢③の complimentary「無料の」がレベルの高い単語だが，知らなくても正解できる。

語句

リード文

- [ ] local 形 地元の，地域の
- [ ] take a look at 〜 〜を見る
- [ ] rate 名 料金

ウェブサイト

- [ ] desert 名 砂漠
- [ ] entry 名 入場，入園
- [ ] 〜 and under 〜以下
- [ ] audio 形 音声の
- [ ] include 動 含む
- [ ] good 形 有効な
- [ ] presentation 名 公開，発表
- [ ] birds of prey 猛禽類
- [ ] expert 形 熟達した，専門家の
- [ ] handler 名 調教師
- [ ] present 動 見せる，示す
- [ ] impressive 形 印象的な
- [ ] sanctuary 名 （動物の）保護区域
- [ ] feature
  動 呼び物［売り］にする，特集する
- [ ] eagle 名 ワシ
- [ ] hawk 名 タカ
- [ ] owl 名 フクロウ
- [ ] encounter 名 出会い
- [ ] keeper 名 飼育係
- [ ] visitor 名 来訪者，見物客
- [ ] interact with 〜
  〜と交流する，〜とふれ合う
- [ ] face-to-face 副 対面して
- [ ] make sure (that) ...
  …ことを確実にする
- [ ] overwhelm 動 圧倒する，困惑させる
- [ ] annual 形 年間の
- [ ] membership 名 会員権，会員資格
- [ ] individual 名 個人
- [ ] allow 動 許可する
- [ ] unlimited 形 無制限の
- [ ] access 名 利用権
- [ ] register 動 登録する
- [ ] along with 〜
  〜とともに，〜に加えて
- [ ] admittance 名 入場許可，入場の権利
- [ ] including 前 〜を含めて
- [ ] purchase 名 購入（品），買い物

設問

- [ ] option 名 選択肢
- [ ] date 名 日付
- [ ] attend 動 出席する，参加する
- [ ] benefit 名 利益，利点
- [ ] extra 形 追加の，余分の
- [ ] complimentary
  形 無料の，無料で提供される

イベント

パーティーや学園祭，留学生の歓迎会・送別会，スポーツ競技などイベントに関する語彙。イベント開催の告知や広告，開催されたイベントに対する評価（レビュー），ブログ記事やニュースレター，パーティーを計画する学生や仕事仲間の間のメールのやり取りなどの形での出題が予想される。

特に出題が予想される大問 ⇨ 第１問・第２問・第３問・第４問

- ☐ invitation 图 招待（状）
- ☐ guest 图 招待客
- ☐ host 图 主催者
- ☐ farewell party　送別会
- ☐ welcome party　歓迎会
- ☐ barbecue / cookout
    - 图 バーベキュー
- ☐ potluck party
    - 料理を持ち寄るパーティー
- ☐ get together　集まる，集会する
- ☐ get-together 图 集まり，懇親会
- ☐ celebrate 動 祝う
- ☐ decline / turn down 動 断る
- ☐ be on　上演中で
- ☐ arrange 動 手配する，準備する
- ☐ cancel / call off 動 中止する
- ☐ postpone / put off ～
    - 動 ～を延期する

- ☐ facility 图 施設
- ☐ fund-raising 形 資金集めの
- ☐ charity 图 慈善活動
- ☐ interact with ～　～と交流する
- ☐ stadium 图 球場
- ☐ opponent 图 対戦相手
- ☐ competition 图 大会，競技会
- ☐ martial art(s)　武道，武術
- ☐ equipment 图 装備
- ☐ advance ticket　前売り券
- ☐ flyer 图 チラシ，ビラ
- ☐ stall 图 屋台，露店
- ☐ square 图 （四角い）広場
- ☐ banquet 图 祝宴，晩餐会
- ☐ reception 图 歓迎会

第 2 問 A

資料の読み取り／事実(・意見)の区別

設問数	**5** 問
配点	**10** 点
解答時間	約 **5 ～ 6** 分
英文語数	約 **210～320** 語

資料の読み取り／事実（・意見）の区別

GUIDANCE 資料から必要な情報（数値含む）を読み取る問題。事実・意見の区別を問う問題が含まれる場合が多い（小問5つのうち1～2問）。通読すべき「文章」というより箇条書きの形で書かれており，素早く情報を発見することがポイント。

例　題

You are reading the results of a survey about single-use and reusable bottles that your classmates answered as part of an environmental campaign in the UK.

Question 1: How many single-use bottled drinks do you purchase per week?

Number of bottles	Number of students	Weekly subtotal
0	2	0
1	2	2
2	2	4
3	3	9
4	4	16
5	9	45
6	0	0
7	7	49
Total	29	125

Question 2: Do you have your own reusable bottle?

Summary of responses	Number of students	Percent of students
Yes, I do.	3	10.3
Yes, but I don't use it.	14	48.3
No, I don't.	12	41.4
Total	29	100.0

Question 3: If you don't use a reusable bottle, what are your reasons?

Summary of responses	Number of students
It takes too much time to wash reusable bottles.	24
I think single-use bottles are more convenient.	17
Many flavoured drinks are available in single-use bottles.	14
Buying a single-use bottle doesn't cost much.	10
I can buy drinks from vending machines at school.	7
I feel reusable bottles are too heavy.	4
My home has dozens of single-use bottles.	3
Single-use bottled water can be stored unopened for a long time.	2
(Other reasons)	4

問1　The results of Question 1 show that ⬚ 6 ⬚.

① each student buys fewer than four single-use bottles a week on average
② many students buy fewer than two bottles a week
③ more than half the students buy at least five bottles a week
④ the students buy more than 125 bottles a week

問2　The results of Question 2 show that more than half the students ⬚ 7 ⬚.

① don't have their own reusable bottle
② have their own reusable bottle
③ have their own reusable bottle but don't use it
④ use their own reusable bottle

問3　One **opinion** expressed by your classmates in Question 3 is that ⬚ 8 ⬚.

① some students have a stock of single-use bottles at home
② there are vending machines for buying drinks at school
③ washing reusable bottles takes a lot of time
④ water in unopened single-use bottles lasts a long time

問4 One **fact** stated by your classmates in Question 3 is that single-use bottles are ⬚9⬚.

① available to buy at school

② convenient to use

③ light enough to carry around

④ not too expensive to buy

問5 What is the most likely reason why your classmates do not use reusable bottles? ⬚10⬚

① There are many single-use bottled drinks stored at home.

② There is less variety of drinks available.

③ They are expensive for your classmates.

④ They are troublesome to deal with.　　　　　　　　(共通テスト)

問題の解き方

ステップ1 リード文を読み，資料をざっと見て，テーマを理解する

　リード文（状況などを説明している最初の文）を丁寧に読む。また，どのような資料が使われているのか，ざっと目を通す。特に**資料のタイトル**は素早く確認する。

▶**テーマや情報を探すべき箇所**がわかる。

ステップ2 設問文を読んで，読み取るべき情報をチェックする

　設問文を読む（誤った情報が頭に残ってしまう可能性があるので，**原則として選択肢は読まない**。ただし，設問文の情報が少ない場合は選択肢に軽く目を通す）。

▶**資料から読み取るべき情報**が明確になる。

ステップ3 資料の中から解答に必要な情報を見つけ，設問を解く

　設問文から大まかな場所を予想し，解答に必要な情報を探す。発見したら選択肢を丁寧にチェックする。

▶資料を読んで内容を把握するというより，**情報を検索するような読み方**をするのがポイント。

解答 問1 ③　　問2 ②　　問3 ③　　問4 ①　　問5 ④

英文訳

あなたはイギリスの環境保護運動の一環としてクラスメートが回答した，使い捨てボトルと再利用可能なボトルに関する調査の結果を読んでいます。

質問1：1週間につき何本の使い捨て（ペット）ボトル飲料を購入しますか。

ボトルの数	生徒の数	1週間の小計
0	2	0
1	2	2

2	2	4
3	3	9
4	4	16
5	9	45
6	0	0
7	7	49
合計	29	125

質問2：あなたは自分の再利用可能なボトルを持っていますか。

回答の概要	生徒の数	生徒の割合
はい，持っています。	3	10.3
はい，持っていますが使っていません。	14	48.3
いいえ，持っていません。	12	41.4
合計	29	100.0

質問3：再利用可能ボトルを使わない場合，その理由は何ですか。

回答の概要	生徒の数
再利用可能ボトルを洗うのに時間がかかりすぎる。	24
使い捨てボトルの方が便利だと思う。	17
多くのフレーバー付きの飲み物が使い捨てボトルで入手可能である。	14
使い捨てボトルを買ってもあまりお金がかからない。	10
飲み物は学校の自動販売機で買える。	7
再利用可能ボトルは重すぎると感じる。	4
家には何十本もの使い捨てボトルがある。	3
使い捨てボトルの水は未開封のまま長期保存できる。	2
（その他の理由）	4

解説

問1 質問1の結果は ☐ 6 ☐ ことを示している。

① 各生徒が1週間に購入する使い捨てボトルの数は平均4本未満である
② 多くの生徒が購入するボトルは週に2本未満である
③ 過半数の生徒が少なくとも週に5本はボトルを購入している
④ 生徒たちは週に125本より多くのボトルを購入する

ステップ1 リード文を読み，資料をざっと見て，テーマを理解する

以下のリード文を読む。

You are reading the results of a survey about single-use and reusable bottles that your classmates answered as part of an environmental campaign in the UK.

「あなたはイギリスの環境保護運動の一環としてクラスメートが回答した，使い捨てボトルと再利用可能なボトルに関する調査の結果を読んでいます。」

ポイントは，

☐ **「使い捨てボトル」と「再利用可能ボトル」についての調査結果**

という点。2種類のボトルを比較する展開が予想される。

次に，資料をざっと見る。資料は3点あり，それぞれにQuestion 1／Question 2／Question 3とあるので，3つの質問に対する回答をまとめた資料であることがわかる。

それぞれの資料のタイトルから，内容は以下の通り。

Question 1 ⇒ 1週間あたりの「使い捨てボトル」購入数
Question 2 ⇒「再利用可能ボトル」の所有状況
Question 3 ⇒「再利用可能ボトル」を使わない理由

これをもとに必要な情報を探すことになる。

ステップ2 設問文を読んで，読み取るべき情報をチェックする

設問文からわかるのは，Question 1の結果について問われているということだけ。情報の少ない設問文の場合は，選択肢にも軽く目を通す。すると，fewer／many／more than half／more than 125 などが目に入るので，数値が問われていることがわかる。

ステップ3 資料の中から解答に必要な情報を見つけ，設問を解く

設問文の情報が少ない場合は，選択肢を1つずつチェックする。

① 各生徒が1週間に購入する使い捨てボトルの数は平均4本未満である
  ⇒Question 1の資料の下の方を見ると，Totalが書かれているので，ここから平均を計算すると，125（Weekly subtotalの合算）÷29（Number of studentsの合算）≒4.31となり，平均4本を上回る。よって，誤り。
② 多くの生徒が購入するボトルは週に2本未満である
  ⇒2本未満とあるので，表のNumber of bottlesが0本および1本の生徒数

をチェックすると，それぞれ2人，計4名なので，多いとは言えない。よって，誤り。

③　過半数の生徒が少なくとも週に**5本**はボトルを購入している

⇒表の Number of bottles が5本以上の生徒数をチェック。5本＝9名，6本＝0名，7本＝7名で計16名。生徒全体が29名なので過半数である。

④　生徒たちは週に**125本**より多くのボトルを購入する

⇒全生徒の購入するボトルの合計数は，表の右下にあるように125本。つまり，125本より多くはない。<u>more than ～は「～」の数字を含まない</u>点に注意。

よって，正解は③**過半数の生徒が少なくとも週に5本はボトルを購入している**となる。

問2　質問2の結果は，過半数の生徒が　　7　　ことを示している。

①　自分の再利用可能ボトルを持っていない

②　自分の再利用可能ボトルを持っている

③　自分の再利用可能ボトルを持っているが使っていない

④　自分の再利用可能ボトルを使っている

ステップ1　リード文を読み，資料をざっと見て，テーマを理解する

問1の解説参照。

ステップ2　設問文を読んで，読み取るべき情報をチェックする

Question 2 の結果について問われていることがわかる。また，more than half the students「過半数の生徒」にあてはまる情報を探すことになる。

ステップ3　資料の中から解答に必要な情報を見つけ，設問を解く

Question 2 の結果を見ると，以下の情報が読み取れる。

再利用可能ボトルを

❶持っている　⇒　10.3％

❷持っているが使っていない　⇒　48.3％

❸持っていない　⇒　41.4％

単独で「過半数」に該当するものはないから，2つ以上を組み合わせる。そこで，❶＋❷＝58.6％は「持っている」ことになり，これが過半数。もちろん，❶＋❸や❷＋❸も過半数だが，これらに該当する選択肢はない。

よって，正解は②**自分の再利用可能ボトルを持っている**となる。

問3 質問3であなたのクラスメートが述べた1つの**意見**は， 8 ことだ。

① 自宅に使い捨てボトルのストックがある生徒がいる
② 学校に飲み物を購入するための自動販売機がある
③ 再利用可能ボトルを洗うのに多くの時間がかかる
④ 未開封の使い捨てボトルの水は長持ちする

ステップ1 リード文を読み，資料をざっと見て，テーマを理解する
問1の解説参照。

ステップ2 設問文を読んで，読み取るべき情報をチェックする
Question 3の資料から「意見」を探すべきであることがわかる。
なお，**「opinion（意見）」**と**「fact（事実）」**を区別させる問題の場合，事前に選択肢を見て区別しておこう。本問では，①・②は「事実」であり「意見」ではない。③・④は「事実」とも「意見」とも言える。つまり，①・②は資料と照合する必要がないのだ。こうすることで無駄な作業を減らすことができる。

ステップ3 資料の中から解答に必要な情報を見つけ，設問を解く
ステップ2 により選択肢①・②は除外済みなので，③・④を検討する。
③ 再利用可能ボトルを洗うのに多くの時間がかかる
⇒Summary of responsesの1番上，It takes too much time to wash reusable bottles.「再利用可能ボトルを洗うのに時間がかかりすぎる。」がこれに該当する。too much timeの部分は主観的であり，「意見」と言ってよい。
④ 未開封の使い捨てボトルの水は長持ちする
⇒Summary of responsesの下から2行目，Single-use bottled water can be stored unopened for a long time.「使い捨てボトルの水は未開封のまま長期保存できる。」がこれに該当する。これは客観的な表現であり，ここでは「事実」と考えるべきだろう。
よって，正解は③再利用可能ボトルを洗うのに多くの時間がかかるとなる。

問4 質問3であなたのクラスメートが述べた1つの**事実**は，使い捨てボトルが 9 ことだ。

① 学校で買うことができる
② 使うのに便利である
③ 持ち運べるほど軽量である
④ 買えないほど高価ではない

　問1の解説参照。

　Question 3の資料から，使い捨てボトルに関する「事実」を探すべきであることがわかる。

　これも，「**opinion（意見）**」と「**fact（事実）**」を区別させる問題なので，事前に選択肢を見て区別しておこう。本問では，①は「事実」，②・④は「意見」，③は「事実」とも「意見」とも言える。よって，②・④はこの段階で除外できる。

　①　学校で買うことができる
　　⇒Summary of responsesの5番目，I can buy drinks from vending machines at school.「飲み物は学校の自動販売機で買える。」に一致。
　③　持ち運べるほど軽量である
　　⇒重さについては，Summary of responsesの6番目にI feel reusable bottles are too heavy.「再利用可能ボトルは重すぎると感じる。」とあるが（←これは「意見」），使い捨てボトルが軽量であるとは書かれていない。
　よって，正解は①学校で買うことができるとなる。

問5　あなたのクラスメートが再利用可能ボトルを使わない理由として，最も可能性の高いものは何か。　| 10 |
　①　家には使い捨ての（ペット）ボトル飲料がたくさん保存されている。
　②　入手可能な飲み物の種類が少ない。
　③　クラスメートにとって高価である。
　④　扱うのが面倒である。

　問1の解説参照。

　設問文の内容から，Question 3のSummary of responsesのうち，多くの生徒が挙げているものをチェックすることになる。

　Question 3のSummary of responsesのうち，最も多い回答が

> It takes too much time to wash reusable bottles. 「再利用可能ボトルを洗うのに時間がかかりすぎる。」…24人

26人中24人なので，大多数と言えよう。

さらに，2番目の回答，

> I think single-use bottles are more convenient. 「使い捨てボトルの方が便利だと思う。」…17人

6番目の回答，

> I feel reusable bottles are too heavy. 「再利用可能ボトルは重すぎると感じる。」…4人

これらもまた，再利用可能ボトルの扱いにくさを挙げていると考えられる。

よって，正解は④扱うのが面倒である。となる。

 着眼点

・more than ～やless[fewer] than ～がその「～」を含まない点に注意しよう。
・「opinion（意見）」と「fact（事実）」を区別させる問題が出題される場合，ふつうは選択肢に両者が混在している。あらかじめ選択肢を見て区別しておけば，無駄な作業を省ける。
・goodやimportantのような評価を表す形容詞，should「～すべきだ」などの助動詞を含む選択肢は「opinion（意見）」であると考えてよい。

リード文

☐ survey
　图 （アンケートなどによる）調査
☐ single-use 形 使い捨ての

☐ reusable 形 再利用可能な
☐ environmental 形 環境（保護）の
☐ campaign 图 運動，キャンペーン

表

☐ subtotal 图 小計
☐ summary 图 概要，要約
☐ flavoured[flavored]
　形 香りの付いた，風味付けされた
☐ available 形 入手可能な

☐ vending machine　自動販売機
☐ dozens of 〜　何十もの〜
☐ store 動 蓄える，貯蔵する
☐ unopened 形 未開封の

設問

☐ on average　平均で
☐ at least　少なくとも
☐ last 動 長持ちする，持ちこたえる

☐ likely 形 可能性が高い
☐ variety 图 種類，多様性
☐ troublesome 形 面倒な，やっかいな

You are researching for a health class paper when you come across this survey of middle school students.

Question 1: Based on how often you eat breakfast, what time do you go to bed?

		Go to bed before 9 PM	Go to bed before 10 PM	Go to bed before 11 PM	Go to bed before midnight	Go to bed after midnight
Frequency one eats breakfast	Every day	1.6%	10.4%	35.9%	37.5%	14.7%
	4-5 times a week	0.4%	6.1%	24.8%	41.8%	26.9%
	2-3 times a week	1.1%	0.9%	17.3%	43.3%	36.5%
	Seldom	1.0%	7.5%	19.7%	28.5%	43.3%

（独立行政法人日本スポーツ振興センターによる平成17年度児童生徒の食生活等実態調査報告書の一部を参考に作成）

※編集部注　合計が100.0％にならないのは小数点第2位以下の四捨五入によると考えられる

Question 2: How often do you eat breakfast?

	Every day	2-5 times a week	Usually not
Members of sports clubs	97.0%	2.6%	0.4%
National average	85.4%	11.2%	3.5%

（（財）日本体育協会による平成18年度スポーツ医・科学研究報告と

（独）日本スポーツ振興センターによる平成17年度児童生徒の食生活等実態調査データの一部を参考に作成）

Question 3: What is your most common reason for missing breakfast?

Reason	Percentage of students
I don't want to be late for school.	34%
I would rather snack.	19%
I am not hungry.	15%
I don't like most breakfast foods.	12%
School lunch is free.	8%
I am trying to lose weight.	4%
Food is not available.	3%
(Other reasons)	5%

問1　The survey states that children who participate in sports ⬚6⬚.
　① get better grades at school
　② get more rest than other children
　③ eat breakfast more often
　④ report feeling healthier overall

問2　The results of Question 1 show that ⬚7⬚.
　① the most common amount students skip breakfast each week is two to three times
　② over 40% of students who rarely have breakfast sleep after midnight
　③ around 10% of students go to bed before 9 PM
　④ the most popular bedtime for students who always eat breakfast is before 10 PM

問3　What is the most likely reason the surveyed students said they miss breakfast? ⬚8⬚
　① It's too difficult to cook.
　② There isn't enough time.
　③ Lunch is soon enough.
　④ They are not hungry.

問4　One **<u>fact</u>** stated by the students in the survey is ⬚9⬚.

  ① going to bed early makes you hungrier

  ② snack foods are often cheaper than breakfast

  ③ skipping breakfast is a good way to cut calories

  ④ they don't have to pay for food at school

問5　One **<u>opinion</u>** stated by the students in the survey is ⬚10⬚.

  ① eating breakfast helps them sleep

  ② there isn't always food to eat

  ③ breakfast foods aren't tasty

  ④ school shouldn't serve breakfast

英文訳

あなたは保健の授業のレポートを書くために調べているときに，中学生を対象としたこの調査を見つけます。

質問1：（朝食を食べる頻度別に）何時に就寝しますか？

		午後9時前に寝る	午後10時前に寝る	午後11時前に寝る	夜12時前に寝る	夜12時以降に寝る
朝食を食べる頻度	毎日	1.6%	10.4%	35.9%	37.5%	14.7%
	週に4–5回	0.4%	6.1%	24.8%	41.8%	26.9%
	週に2–3回	1.1%	0.9%	17.3%	43.3%	36.5%
	めったに食べない	1.0%	7.5%	19.7%	28.5%	43.3%

質問2：どのくらいの頻度で朝食を食べますか？

	毎日	週に2–5回	ふだんは食べない
運動部員	97.0%	2.6%	0.4%
全国平均	85.4%	11.2%	3.5%

質問3：朝食を食べない理由で最も多いのは何ですか？

理由	生徒の割合
学校に遅刻したくない。	34%
おやつの方が食べたい。	19%
おなかがすいていない。	15%
朝食で出るほとんどの食べ物が嫌い。	12%
給食が無料。	8%
体重を減らそうとしている。	4%
食べ物が手に入らない。	3%
（その他の理由）	5%

解説

問1　調査によると，スポーツに参加している子供は　6　。

① 学校での成績が良い

② 他の子供たちよりも休息を多く取る

③ 朝食を食べる頻度が高い

④ 全体的により体調が良いと報告している

ステップ1　リード文を読み，資料をざっと見て，テーマを理解する

以下のリード文を読む。

> You are researching for a health class paper when you come across this survey of middle school students.
>
> 「あなたは保健の授業のレポートを書くために調べているときに，中学生を対象としたこの調査を見つけます。」

□ **保健（体育）のレポートのための調査をしている**

□ **中学生対象の調査結果が示されている**

という2点が確認できる。

　あまりヒントになる情報は含まれていないので，次のステップに進む。

　資料のタイトル部分に目を通すと，それぞれの内容は

・1つめの資料（Question 1）　⇒　「朝食の頻度」と「就寝時刻」の関係

・2つめの資料（Question 2）　⇒　「朝食の頻度」と「運動部員であること」の関係

・3つめの資料（Question 3）　⇒　「朝食を食べない理由」

となっている。これをもとに，設問に解答する上で必要な情報にアクセスすることになる。

ステップ2　設問文を読んで，読み取るべき情報をチェックする

　設問文に sports「スポーツ」とあるので，これに関係がありそうなのは2つめの資料（Question 2）と判断する。

ステップ3　資料の中から解答に必要な情報を見つけ，設問を解く

　2つめの資料を見ると，運動部に所属している生徒は全国平均と比較して，朝食を毎日食べる者が多い（97.0％＞85.4％）。

　よって，正解は③朝食を食べる頻度が高いとなる。

問2　質問1の結果は　　7　　ことを示している。

① 生徒が1週間に朝食を抜く回数は，2〜3回が最も多い

② 朝食をめったに食べない生徒の**40%**以上が夜**12**時以降に寝ている

③ 約**10%**の生徒が午後9時前に就寝する

④ いつも朝食を食べる生徒の最も一般的な就寝時刻は午後10時前である

ステップ1　リード文を読み，資料をざっと見て，テーマを理解する

問1の解説参照。

ステップ2　設問文を読んで，読み取るべき情報をチェックする

設問中に明確にQuestion 1とあるので，当然ここを読むことになる。

ステップ3　資料の中から解答に必要な情報を見つけ，設問を解く

設問文には該当箇所以外の情報がないので，1つ1つ選択肢を吟味していくしかない。

①⇒この資料は朝食を食べる頻度別に就寝時刻をまとめたものであり，朝食を抜く頻度の比率は読み取れない。

②⇒students who rarely have breakfast「朝食をめったに食べない生徒」に該当するのは，表の最下段の "Seldom" の部分（rarelyとseldomは同意語）。Go to bed after midnight「夜12時以降に寝る」が43.3%なので，正しい。

③⇒午後9時前に就寝する生徒の比率は，朝食の頻度ごとに異なるが，最大でも1.6%なので，平均を取った場合にaround 10%「約10%」となることはない。

④⇒いつも朝食を食べる生徒に該当するのは，表の中のEvery dayの段である。この生徒たちで最も多いのは37.5%を占めるGo to bed before midnight「夜12時前に寝る」。これに対し，午後10時前に寝る生徒の比率は10.4%にすぎないので，「最も一般的」とは言えない。

よって，正解は②朝食をめったに食べない生徒の**40%**以上が夜**12**時以降に寝ているとなる。

問3 調査対象の生徒が朝食を食べないと答えた理由として最も可能性の高いものは何か。 8

① 料理をすることが難しい。

② 十分な時間がない。

③ すぐに昼食の時間が来る。

④ おなかがすいていない。

ステップ1 リード文を読み，資料をざっと見て，テーマを理解する

問1の解説参照。

ステップ2 設問文を読んで，読み取るべき情報をチェックする

「朝食を食べない理由」は3つめの資料（Question 3）に挙げられているので，ここを見ればよい。

ステップ3 資料の中から解答に必要な情報を見つけ，設問を解く

the most likely reason「最も可能性の高い理由」が問われているので，資料の中で一番高い数字を確認すると，34％の I don't want to be late for school.「学校に遅刻したくない。」が最上位である。これを言い換えた選択肢としては，「（朝食を食べると）学校に遅刻してしまう」⇒「朝食を食べる時間がない」と考えられる。

よって，正解は②**十分な時間がない**。となる。

問4 調査において生徒が述べている1つの**事実**は 9 ということだ。

① 早く寝るとより空腹になる

② 朝食よりもおやつの方が安いことが多い

③ 朝食を抜くことは，カロリーを減らす良い方法である

④ 学校では給食費を払う必要がない

ステップ1 リード文を読み，資料をざっと見て，テーマを理解する

問1の解説参照。

ステップ2 設問文を読んで，読み取るべき情報をチェックする

「生徒が述べている」ことが問われているので，数値データのみの Question 1 と Question 2 は本問と関係がない。Question 3 を確認する。

また，「事実」が問われているので，「意見」に該当する選択肢はあらかじめ除

外しておこう。主観的評価を表す形容詞goodを含む③は「意見」なので，除外する。①はどちらとも言えるだろう。②④は「事実」と考えられる。

ステップ3 資料の中から解答に必要な情報を見つけ，設問を解く

Question 3のReason（理由）の上から5番目にSchool lunch is free.とある。このfreeは「自由」ではなく「無料」の意味。よって，正解は④学校では給食費を払う必要がないとなる。

❖誤答分析❖
①②は資料の中に該当する記述がない（①はむしろ「朝食を食べる理由」であろう）。③は上から6番目のI am trying to lose weight.と結びつくが，前述の通り「事実」ではない。

問5 調査において生徒が述べている1つの**意見**は | 10 | ということだ。
① 朝食を食べると眠りやすくなる
② いつも食べ物があるわけではない
③ 朝食はおいしくない
④ 学校は朝食を出すべきではない

ステップ1 リード文を読み，資料をざっと見て，テーマを理解する
問1の解説参照。

ステップ2 設問文を読んで，読み取るべき情報をチェックする
問4と同様，「生徒が述べている」ことが問われているので，数値データのみのQuestion 1とQuestion 2は本問と関係がない。Question 3を確認する。
また，「意見」が問われているので，「事実」に該当する選択肢はあらかじめ除外しておこう。①はどちらとも言えるだろう。②は「事実」なので除外。③④は「意見」と考えられる。

ステップ3 資料の中から解答に必要な情報を見つけ，設問を解く
問4と同様にQuestion 3のReason（理由）を見ると，上から4番目にI don't like most breakfast foods.とある。食べ物が好きでないという場合は，基本的には味が好みに合わないということだろう（もちろん，匂いや見た目が嫌いということもあるが）。よって，正解は③朝食はおいしくないとなる。

❖誤答分析❖

①・④は該当する記述がなく，②は上から7番目のFood is not available.と一致するが，前述の通り「意見」ではなく「事実」である。

 着眼点

「事実」と「意見」の区別が問われる問題で，どちらとも言えるような選択肢もある。その場合，無理にどちらかだと決めつけて除外せず，とりあえず保留にしておき，他の選択肢をチェックした後に再検討しよう。

語句

リード文

- [ ] research 動 調査する
- [ ] paper 名 レポート
- [ ] come across ～ ～を偶然見つける
- [ ] survey 名 （アンケートなどによる）調査
- [ ] middle school 中学校

表

- [ ] based on ～ ～に基づいて
- [ ] frequency 名 頻度，回数
- [ ] seldom 副 めったに～ない
- [ ] midnight 名 真夜中，夜の12時
- [ ] national 形 国の，全国の
- [ ] common 形 普通の，ありふれた
- [ ] miss 動 逃す，食べ損なう
- [ ] would rather do どちらかと言えば～したい
- [ ] snack 動 軽食[間食]を取る，おやつを食べる
- [ ] lose weight 体重を減らす
- [ ] available 形 入手可能な

設問

- [ ] state 動 述べる
- [ ] participate in ～ ～に参加する
- [ ] grade 名 成績
- [ ] rest 名 休憩，休息
- [ ] overall 副 全体的に
- [ ] amount 名 量
- [ ] skip 動 （食事を）抜く
- [ ] rarely 副 めったに～ない
- [ ] bedtime 名 就寝時刻
- [ ] serve 動 （食事などを）出す

文化・芸術・音楽

　音楽や芸術，伝統，その他文化に関する語彙。演劇や映画の上映スケジュールなどの図表，伝統文化についてのブログ記事，異文化体験や比較文化を扱うディスカッションや論説文などの出題が予想される。

特に出題が予想される大問 ⇨ 第3問・第4問・第5問

- ☐ theater ㊒ 劇場，映画館
- ☐ comic book　漫画本
- ☐ exhibition ㊒ 展覧会
- ☐ comedy ㊒ 喜劇
- ☐ action film　アクション映画
- ☐ play ㊒ 演劇
- ☐ playwright ㊒ 脚本家
- ☐ classical music
　　クラシック音楽
- ☐ science fiction　SF
- ☐ director ㊒ （映画）監督
- ☐ main character　主人公
- ☐ voice actor　声優
- ☐ mystery ㊒ 推理小説
- ☐ folk tale　民話

- ☐ plot (line) ㊒ （物語の）筋書き
- ☐ storyline ㊒ （物語の）筋書き
- ☐ touching ㊙ 感動的な
- ☐ heartwarming ㊙ 心温まる
- ☐ blood type　血液型
- ☐ etiquette ㊒ 礼儀作法
- ☐ unique ㊙ 独特の
- ☐ bow ㊒ お辞儀／
　　㊙ お辞儀をする
- ☐ recital ㊒ 演奏会
- ☐ musical instrument　楽器
- ☐ annual ㊙ 毎年の
- ☐ stereotype ㊒ 固定観念
- ☐ chronological ㊙ 年代順の

第 2 問 B

資料の読み取り／意見・事実の区別

設問数	**5** 問
配点	**10** 点
解答時間	約 **5 ～ 6** 分
英文語数	約 **210 ～ 290** 語

資料の読み取り／意見・事実の区別

難易度：★ ★ ☆

GUIDANCE メッセージのやり取りや，記事とそれに対するコメントなど。「事実」と「意見」を区別する問題が含まれる場合もある。情報検索のスピードと，本文と異なる表現で書かれた正解の選択肢を見抜く力が試される。

例 題

You need to decide what classes to take in a summer programme in the UK, so you are reading course information and a former student's comment about the course.

COMMUNICATION AND INTERCULTURAL STUDIES

Dr Christopher Bennet

bennet.christopher@ire-u.ac.uk

Call: 020-9876-1234

Office Hours: by appointment only

3-31 August 2021

Tuesday & Friday

1.00 pm — 2.30 pm

9 classes — 1 credit

Course description: We will be studying different cultures and learning how to communicate with people from different cultures. In this course, students will need to present their ideas for dealing with intercultural issues.

Goals: After this course you should be able to:

— understand human relations among different cultures

— present solutions for different intercultural problems

— express your opinions through discussion and presentations

Textbook: Smith, S. (2019). *Intercultural studies.* New York: DNC Inc.

Evaluation: 60% overall required to pass

— two presentations: 90% (45% each)

— participation: 10%

Course-takers' evaluations (87 reviewers) ★★★★★ (Average: 4.89)
Comment
☺ Take this class! Chris is a great teacher. He is very smart and kind. The course is a little challenging but easy enough to pass. You will learn a lot about differences in culture. My advice would be to participate in every class. It really helped me make good presentations.

問1　What will you do in this course?　　11

① Discuss various topics about culture

② Visit many different countries

③ Watch a film about human relations

④ Write a final report about culture

問2　This class is aimed at students who　12　.

① are interested in intercultural issues

② can give good presentations

③ like sightseeing in the UK

④ need to learn to speak English

問3　One **fact** about Dr Bennet is that　13　.

① he has good teaching skills

② he is a nice instructor

③ he is in charge of this course

④ he makes the course challenging

問4　One **opinion** expressed about the class is that　14　.

① it is not so difficult to get a credit

② most students are satisfied with the course

③ participation is part of the final grade

④ students have classes twice a week

問5　What do you have to do to pass this course?　　15

① Come to every class and join the discussions

② Find an intercultural issue and discuss a solution

③ Give good presentations about intercultural issues

④ Make an office appointment with Dr Bennet

（共通テスト）

問題の解き方

ステップ 1 リード文を読み，資料をざっと見て，テーマを理解する

　リード文（状況などを説明している最初の文）を丁寧に読む。また，**どのような資料が使われているのか**，ざっと目を通す。特に**資料のタイトル**は素早く確認する。

▶**テーマや情報を探すべき箇所がわかる。**

ステップ 2 設問文を読んで，読み取るべき情報をチェックする

　設問文を読む（誤った情報が頭に残ってしまう可能性があるので，**原則として選択肢は読まない**。ただし，設問文の情報が少ない場合は選択肢に軽く目を通す）。

▶**資料から読み取るべき情報**が明確になる。

ステップ 3 資料の中から解答に必要な情報を見つけ，設問を解く

　設問文から大まかな場所を予想し，解答に必要な情報を探す。発見したら選択肢を丁寧にチェックする。

▶通読して内容を把握するというより，**情報を検索するような読み方**をするのがポイント。

解答 問 1 　①　　問 2 　①　　問 3 　③　　問 4 　①　　問 5 　③

英文訳

あなたは英国のサマープログラムでどの授業を受講するか決定する必要があるため，講座案内とその講座に関する以前の受講者のコメントを読んでいます。

コミュニケーションと異文化間研究

クリストファー・ベネット博士　　　　　　　　2021 年 8 月 3 日〜31 日

bennet.christopher@ire-u.ac.uk　　　　　　　火曜日と金曜日

電話：020-9876-1234　　　　　　　　　　午後1時～午後2時半

オフィスアワー：予約者のみ　　　　　　　授業9回ー1単位

講座内容：さまざまな文化を研究し，さまざまな文化の人々とコミュニケーションをとる方法を学ぶ。この講座では，学生は異文化間の問題に対処するための自分の考えを提示する必要がある。

目標：受講後は次のことができるはずである。
ー異文化間の人間関係を理解する
ー異文化間のさまざまな問題に対する解決策を提示する
ーディスカッションやプレゼンテーションを通じて意見を述べる

教科書：Smith, S. (2019). *Intercultural studies.* New York: DNC Inc.

評価：合格［単位取得］するには全体の60％が必要
ープレゼンテーション2回：90％（各45％）
ー出席：10％

受講者の評価（87人のレビュー）★★★★★（平均：4.89）

コメント

☺ この授業を受けてください！　クリス先生は素晴らしい先生です。彼はとても聡明な方で親切です。授業は少し大変ですが，合格［単位取得］するのは十分容易です。文化の違いについて多くを学ぶでしょう。私がアドバイスするとしたら，全ての授業に参加することです。そうすることは私が良いプレゼンテーションをするのに本当に役立ちました。

解説

問1 この講座では何をするか。　11

① 文化に関するさまざまなトピックについて話し合う

② さまざまな国を訪問する

③ 人間関係の映画を見る

④ 文化についての最終レポートを書く

以下のリード文を読む。

> You need to decide what classes to take in a summer programme in the UK, so you are reading course information and a former student's comment about the course.
> 「あなたは英国のサマープログラムでどの授業を受講するか決定する必要があるため，講座案内とその講座に関する以前の受講者のコメントを読んでいます。」

ポイントは，
□ 受講する講座を決めようとしている
□ 講座案内と受講者のコメントを読んでいる
という点。

　資料は2つあり，1つめは担当者名や日時が書かれているので「講座内容」，2つめはCommentという文字がすぐに目に入ってくるので「受講者のコメント」だとわかる。

　また，1つめの講座内容については，資料の中に**Course description**「講座内容」／**Goals**「目標」／**Textbook**「教科書」／**Evaluation**「評価」という小見出しがついているので，情報検索の助けになる。

　「この講座で何をするのか」という問いなので，1つめの「講座案内」の資料から探すことになりそうだ（2つめの「コメント」に出てくる可能性もないわけではない）。

　「講座案内」を見ると，タイトルにCOMMUNICATION AND INTERCULTURAL STUDIESとあり，Course descriptionやGoalsの部分にもdifferent culturesやintercultural issues, intercultural problemsといった語句が目に入るので，異文化間の問題を扱うことがわかる。また，Goalsの最後の項目にdiscussionとあるので，「ディスカッション（討論）」が行われることもわかる。以上により，正解は①文化に関するさまざまなトピックについて話し合うとなる。選択肢②〜④はいずれも資料に書かれていない。

問2　この授業は 　12　 学生を対象としている。
- ① 異文化間の問題に関心がある
- ② 良いプレゼンテーションができる
- ③ 英国観光が好きな
- ④ 英語を話すことを学ぶ必要がある

ステップ1　リード文を読み，資料をざっと見て，テーマを理解する

問1の解説参照。

ステップ2　設問文を読んで，読み取るべき情報をチェックする

「対象とする学生」についての問いなので，Course description「講座内容」や Goals「目標」から読み取ることになりそうだ。特にstudentsという語があったら，その箇所はしっかりチェックする必要がある。

ステップ3　資料の中から解答に必要な情報を見つけ，設問を解く

students「学生」はCourse descriptionの2つめの文（In this course, <u>students</u> will need to present their ideas for dealing with intercultural issues.）に出てくる。異文化間の問題に対処するための考えを提示する必要があるので，当然，異文化間の問題に関心があることが求められていると言えよう。②については，Goals の3つめに出てくるが，これは受講後の目標であって，もともとプレゼンテーションが得意な学生を対象としているわけではない。

　よって，正解は①異文化間の問題に関心があるとなる。

問3　ベネット博士についての1つの**事実**は 　13　 ということだ。
- ① 彼は優れた教授スキルを持っている
- ② 彼は良い指導者だ
- ③ 彼はこの講座を担当している
- ④ 彼は講座をやりがいのあるものにしている

ステップ1　リード文を読み，資料をざっと見て，テーマを理解する

問1の解説参照。

　ベネット博士について問われているので，この名前があるところをチェックすることになる。

　また，「事実」が問われている点にも注目する。**「opinion（意見）」**と**「fact（事実）」**を区別させる問題の場合，事前に選択肢を見て区別することで，無駄を省くことができる。

　そこで選択肢を見ると，①の good，②の nice，④の challenging はいずれも主観的な評価を表す形容詞なので「意見」であることがわかる。よって，この時点で正解は③しかないはずであるが，念のため最終チェックをする。

　Dr Bennet という人名は1つめの資料の最初に出てくる。

COMMUNICATION AND INTERCULTURAL STUDIES

Dr Christopher Bennet

bennet.christopher@ire-u.ac.uk

Call: 020-9876-1234

Office Hours: by appointment only

3-31 August 2021

Tuesday & Friday

1.00 pm — 2.30 pm

9 classes — 1 credit

　ここには特に説明はないが，講座名のすぐ下に名前が書かれており，日程やオフィスアワー（大学教員が学生の質問・相談に対応する時間のこと）などが併記されているところをみると，この教員が講座の担当者であることは明らかである。

　よって，正解は③彼はこの講座を担当しているとなる。

問4　授業について述べられた1つの**意見**は，　14　ということだ。

①　単位を取得するのはそれほど難しくない

②　ほとんどの学生が講座に満足している

③　出席は最終成績の一部だ

④　学生は週2回授業がある

　問1の解説参照。

ステップ2 設問文を読んで，読み取るべき情報をチェックする

授業についての「意見」が問われているので，2つめの資料のCommentを
チェックすることになりそうだ。

また，「事実」と「意見」の区別の問題なので，事前に選択肢を見よう。する
と，③と④は明らかに「事実」であることがわかる。①のnot so difficultは「意
見」。②はsatisfiedの部分が「意見」のように思えるが，たとえばアンケートを
とって「満足」と答えた学生が大多数という場合は「事実」だろう（つまり，こ
の段階ではどちらとも決められない）。

ステップ3 資料の中から解答に必要な情報を見つけ，設問を解く

2つめの資料，Commentの第4文（The course is a little challenging but easy
enough to pass.）より，少し大変だが単位は取りやすいことがわかる。②につい
ては，2つめの資料で受講者による評価が5段階で平均4.89なので正しいが，こ
れは数値だから「意見」ではなく「事実」。

よって，正解は①単位を取得するのはそれほど難しくないとなる。

問5　この講座で合格［単位取得］するには何をする必要があるか。　15

① 全ての授業に来て，ディスカッションに参加する
② 異文化間の問題を見つけ，解決策について議論する
③ 異文化間の問題について良いプレゼンテーションをする
④ ベネット博士と面談の予約をする

ステップ1 リード文を読み，資料をざっと見て，テーマを理解する

問1の解説参照。

ステップ2 設問文を読んで，読み取るべき情報をチェックする

合格［単位取得］の条件が問われているので，成績評価に関する問いだと考
え，1つめの資料の最後にあるEvaluationをチェックする。

ステップ3 資料の中から解答に必要な情報を見つけ，設問を解く

Evaluationの記述から，「合格［単位取得］には60%（の点数）が必要」。その
内訳は「2回のプレゼンテーションが90%」「出席点は10%」である。①のよう
に「全ての授業に来る」必要はないし，②のように「問題を見つける」ことも
求められていない。④については，1つめの資料にオフィスアワーには予約が必

須との記述があるが，合格［単位取得］の要件ではない。プレゼンテーションが
非常に重視されているので，③異文化間の問題について良いプレゼンテーショ
ンをするが正解。

 着眼点 ─────

「opinion（意見）」と「fact（事実）」を区別させる問題の場合，選択肢を見
た段階で「事実」か「意見」かが明確に区別できる場合とできない場合があ
る。不明確な場合は本文［資料］の内容をふまえて判断する必要があるので，
ステップ2 では"保留"しておく。

語句

リード文

☐ course 名 （連続した）授業，講座 | ☐ former 形 以前の〜，元〜

講座案内とコメント

☐ intercultural 形 異文化間の
☐ office hours　オフィスアワー（大学教
　員が学生の質問や相談に応じる時間）
☐ appointment 名 （面会の）予約
☐ credit 名 （履修）単位
☐ description 名 説明
☐ present 動 提示する，発表する
☐ deal with 〜
　〜を扱う，〜に対処する
☐ issue 名 問題（点），論点
☐ goal 名 目標
☐ relation 名 関係
☐ solution 名 解決策，解決法
☐ express 動 表明する，表現する

☐ presentation
　名 プレゼンテーション，発表
☐ textbook 名 テキスト，教科書
☐ evaluation 名 （成績の）評価，評定
☐ overall 副 全部で，全体で
☐ require 動 必要とする
☐ participation 名 参加
☐ course-taker 名 受講者
☐ reviewer 名 評価をする人
☐ smart 形 頭の良い，知的な
☐ challenging
　形 大変だがやりがいのある
☐ participate in 〜　〜に参加する

設問

☐ be aimed at 〜
　〜を対象として，〜に向けられて
☐ sightseeing 名 観光
☐ instructor 名 指導者，教員

☐ be in charge of 〜
　〜を担当して，〜を管理して
☐ be satisfied with 〜　〜に満足して
☐ grade 名 成績，評価

You are looking into the idea of raising a pet with your classmates at school. You write an e-mail to your teacher and receive her response.

Dear Ms. Cossette,

I was thinking of having the class raise a small pet like a rabbit or a hamster in our classroom this year. One of the other classes did it last year and I've heard everyone had a great time. The teacher said it helped teach the students to be reliable and dependable, and an unexpected benefit was it helped keep everyone from getting too loud. If students got out of hand, someone would say they were upsetting their rabbit, Lazuli.

If we wanted an easy pet, I think fish would be nice, but small animals like mice are very easy, too. I also think students who don't have a pet at home would enjoy the opportunity to take it home for a weekend if we can use a system like that.

Sincerely,

Taylor

Dear Taylor,

Thanks for taking the time to make this suggestion, but I think we'll need to address a few issues before we take on that responsibility. Some students in the class might have allergies and we'll need to ask everyone and their parents before we do. Even if we ask, they might not know if they're allergic to rabbits or birds. It could be upsetting to have to return a pet if one student can't be around it.

I do know some classes use a system where a student takes care of the pet at their house over the weekend, but in such cases the pet could get sick or even die during that time. If that happened, that student might feel responsible for making the whole class sad, which would be a terrible thing. If all the students want a pet, we can consider it, but we'll need to make sure we're prepared for the responsibility.

Sincerely,

Ms. Cossette

問 1　What was a surprising result of another class getting a pet?　11

① Some students had allergies to it.
② The students didn't care much about it.
③ Many students stopped paying attention in class.
④ It helped prevent noisy behavior.

問 2　One **opinion** stated by Taylor is that classroom pets　12　.

① should only be animals that take effort to care for
② help teachers instruct students about biology
③ shouldn't be used for early grade-school classes
④ are a good way for the students to learn responsibility

問 3　One **fact** stated by Ms. Cossette is that　13　.

① some schools don't allow pets
② animals can be expensive to keep
③ it's sad to have to give up a pet
④ students can have a health reaction to pets

問 4　Ms. Cossette mentions that classroom pets are　14　.

① not often kept these days
② fun for activities during breaks
③ sometimes taken home by students
④ very likely to get sick during the year

問 5　Which is closest to Ms. Cossette's attitude about getting a class pet?　15

① The class should definitely get a pet right away.
② She will need permission from the school first.
③ A pet is sometimes not worth the trouble.
④ Pets are not appropriate in classrooms in any case.

解答　問1　④　問2　④　問3　④　問4　③　問5　③

英文訳

あなたは同級生と一緒に学校でペットを育てるという考えについて検討しています。担任の先生にメールを書き，返事をもらいます。

コゼット先生へ

今年，クラスのみんなに，教室でウサギやハムスターなどの小さなペットを育ててもらおうと考えていました。去年，他のあるクラスがそれをやって，みんなとても楽しかったと聞いています。その先生は，それが信頼ができて頼りがいのある人になることを生徒に教えるのに役立つと言っていました。また，予想外の利点として，それのおかげで，みんなが大声で騒ぐこともなくなりました。生徒たちが収拾つかなくなると，ウサギのラズリを動揺させてしまうよ，と誰かが言ったのでした。

飼うのが楽なペットを望むのであれば，魚もいいと思いますが，ネズミのような小動物もとても育てやすいです。また，家でペットを飼っていない生徒も，週末にペットを連れて帰れる機会があれば楽しいのではないかと思います。私たちがそのような方法を取れるのであれば，ですが。

よろしくお願いします。

テイラー

テイラーへ

わざわざこのような提案をしてくれてありがとう。しかし，その責任を負う前に，いくつかの問題に対処する必要があると思います。クラスの中にはアレルギーを持っている生徒がいるかもしれないので，全員とその親に事前に尋ねる必要があります。たとえ尋ねたとしても，ウサギや鳥にアレルギーがあるかどうかその人たちはわからないかもしれません。もし一人の生徒がペットの近くにいられなくて，ペットを返さなければならないということになれば，動揺を与えかねません。

週末に生徒が自宅でペットの世話をする方式を採用しているクラスがあることは承知していますが，その場合，その間にペットが病気になったり，死んでしまったりする可能性もあります。そのようなことが起こったら，その生徒はクラス全体を悲しませたことに責任を感じることになるかもしれませんし，それはつらいことでしょ

う。生徒全員がペットを飼いたいのであれば，検討してもよいと思いますが，その責任を負う準備を確実にしておく必要があります。

よろしくお願いします。

コゼット（先生）

解説

問1　他のクラスがペットを飼ったことによる意外な結果は何だったか。　11

① ペットにアレルギーのある生徒もいた。

② 生徒はペットをあまり気にしていなかった。

③ 多くの生徒が授業に集中しなくなった。

④ 騒がしい行動を防ぐのにペットが役立った。

ステップ1　リード文を読み，資料をざっと見て，テーマを理解する

以下のリード文を読む。

> You are looking into the idea of raising a pet with your classmates at school.
> You write an e-mail to your teacher and receive her response.
> 「あなたは同級生と一緒に学校でペットを育てるという考えについて検討しています。担任の先生にメールを書き，返事をもらいます。」

ポイントは，以下の2点。

□ **同級生と一緒に学校でペットを飼うか検討中**

□ **先生とのメールのやり取り**

資料はメールのやり取りのみで，特にタイトルや図表もないので，次のステップに進む。

ステップ2　設問文を読んで，読み取るべき情報をチェックする

「他のクラスがペットを飼ったことの意外な結果」が問われている。この情報だけでは，テイラーからのメールか，先生からのメールか，判断できない。「他のクラス」の話題が出てきたところでストップして解くことになる。

ステップ3　資料の中から解答に必要な情報を見つけ，設問を解く

「他のクラス」にあたるのはテイラーからのメールの第2文にある One of the other classes なので，この後の記述を確認する。すると，第3文に an unexpected benefit「予想外の利点」とあるので，これが「意外な結果」にあたる部分である。これに続く部分で，it helped keep everyone from getting too loud「それのおかげで，みんなが大声で騒ぐこともなくなりました」←「それはみんなが大声で騒ぐのを防ぐ助けとなりました」とある。よって，正解は④騒がしい行動を防ぐのにペットが役立った。となる。

問2　テイラーが述べている1つの**意見**は，教室でのペットは　| 12 |　ということだ。
- ① 世話をするのに手間がかかる動物だけにすべきである
- ② 先生が生徒に生物学を教えるのに役立つ
- ③ 低学年のクラスには使うべきではない
- ④ 生徒が責任を学ぶ良い方法である

ステップ1　リード文を読み，資料をざっと見て，テーマを理解する
　問1の解説参照。

ステップ2　設問文を読んで，読み取るべき情報をチェックする
　テイラーの意見なので，テイラーからのメールをチェックすることになる。選択肢はいずれも「意見」と言える内容なので，この段階では絞れない。

ステップ3　資料の中から解答に必要な情報を見つけ，設問を解く
　テイラーのメールの中で「教室でのペット」に関する意見と言えそうなのが，第3文のThe teacher said it helped teach the students to be reliable and dependable ...「その先生は，それが信頼ができて頼りがいのある人になることを生徒に教えるのに役立つと言っていました」の部分。itは第2文のitと同じく，第1文のhaving以下（教室でペットを飼うこと）を指す。
　これに最も近い内容が④生徒が責任を学ぶ良い方法であるなので，これが正解。to be reliable and dependableがresponsibilityに言い換えられている。

❖誤答分析❖
　①「世話をするのに手間がかかる動物だけにすべきである」は，テイラーのメールの後半で飼育が楽なペットを勧めているので誤り。この選択肢のtakeは「〜を要する」の意味。②③は本文に記述がない。

問3　コゼット先生が述べている1つの**事実**は，| 13 |　ということだ。
- ① ペットを許可しない学校もある

② 動物を飼うにはお金がかかる

③ ペットを手放さなければならないのは悲しいことだ

④ 生徒がペットに対して健康上の（拒絶）反応を示す可能性がある

> **ステップ1** リード文を読み，資料をざっと見て，テーマを理解する

問1の解説参照。

> **ステップ2** 設問文を読んで，読み取るべき情報をチェックする

stated by Ms. Cossette「コゼット先生が述べている」とあるので，もちろんコゼット先生のメールを読む。また，主観的な形容詞 sad を含む選択肢③は明らかに「事実」ではなく「意見」なので，この段階で除外しておこう。

> **ステップ3** 資料の中から解答に必要な情報を見つけ，設問を解く

コゼット先生のメールの前半部分を見ると，まず第1文で a few issues「いくつかの問題」とあり，この後は具体的な内容として，動物に対するアレルギー反応の問題を挙げている（第2文の Some students ... might have allergies，第3文の they're allergic to rabbits or birds）。よって，正解は④生徒がペットに対して健康上の（拒絶）反応を示す可能性があるとなる。

❖誤答分析❖

選択肢①および②はいずれも本文で言及されていない。

問4 コゼット先生は，教室でのペットは $\boxed{14}$ と言っている。

① 最近はあまり飼われていない

② 休み時間の活動での楽しみ

③ 時々生徒によって家に持ち帰られる

④ 年間を通じて病気になる可能性が非常に高い

> **ステップ1** リード文を読み，資料をざっと見て，テーマを理解する

問1の解説参照。

> **ステップ2** 設問文を読んで，読み取るべき情報をチェックする

この問題も問3と同様にコゼット先生のメールから情報を探すことになる。「教室でのペット」について書かれている部分を見つけたら，ストップして解答しよう。

コゼット先生のメールの後半に I do know some classes use a system where a student takes care of the pet at their house over the weekend「週末に生徒が自宅でペットの世話をする方式を採用しているクラスがあることは承知しています」とある。よって，正解は③時々生徒によって家に持ち帰られるとなる。

❖誤答分析❖

選択肢①および②は本文中に記述がない。④はコゼット先生のメールの後半の in such cases the pet could get sick or even die during that time「その場合，その間にペットが病気になったり，死んでしまったりする可能性もあります」の部分に対応するが，「その間に」とは「週末」を指すので，「年間を通じて」は正解とならない。

問5　クラスでペットを飼うことについて，コゼット先生の考え方に最も近いものはどれか。| 15 |

① 間違いなくクラスは今すぐペットを飼うべきだ。

② まず学校の許可が必要であろう。

③ ペットは苦労するだけの価値がないこともある。

④ いかなる場合でも教室でペットを飼うのは不適切だ。

ステップ 1 　リード文を読み，資料をざっと見て，テーマを理解する

問1の解説参照。

ステップ 2 　設問文を読んで，読み取るべき情報をチェックする

この問題もコゼット先生のメールの内容を確認することになる。is closest to Ms. Cossette's attitude「コゼット先生の考え方に最も近い」という問いの文言からすると，本文中に明確には「考え方」が書かれておらず，本文から読み取れる内容と概ね一致したものを選択することになりそうだ。

ステップ 3 　資料の中から解答に必要な情報を見つけ，設問を解く

コゼット先生のメールの前半には，動物アレルギーを持つ生徒がいる可能性についての不安，後半には，ペットが病気になったり死んでしまったりした場合の生徒の気持ちについての不安が書かれており，全体としてはペット飼育に伴う不安が中心になっている。これに最も近いと言えるのは，③ペットは苦労するだけの価値がないこともある。と考えられる。

❖誤答分析❖

①のような全面的な賛成ではないのは明らか。最終文にIf all the students want a pet, we can consider it, but ...「生徒全員がペットを飼いたいのであれば，検討してもよいと思いますが，…」とあるので，④は言い過ぎ。②は本文から全く読み取れない内容。

　着眼点

問5の選択肢のうち，definitely「間違いなく，明らかに」やnot 〜 in any case「いかなる場合でも〜ない」といった断定的な表現を含むものは，本文の内容と一致する選択肢にはなりにくい。逆に，sometimes「時には」のように例外も認めるような表現を含むと，内容と一致する選択肢となりやすい。

第
2
問

B

リード文

- ☐ look into ～　～を検討する
- ☐ raise 動 育てる，飼育する
- ☐ response 名 応答，返答

コゼット先生へのメール

- ☐ reliable 形 信頼できる
- ☐ dependable 形 頼りになる
- ☐ unexpected 形 予想外の
- ☐ benefit 名 利点，恩恵
- ☐ keep O from *doing*
  　Oに～させないようにする
- ☐ loud 形 うるさい，騒々しい
- ☐ get out of hand　収拾がつかなくな
  　る，手に負えなくなる
- ☐ upset 動 動揺させる
- ☐ mice 名 ネズミ（mouseの複数形）

テイラーへのメール

- ☐ suggestion 名 提案
- ☐ address 動 取り組む
- ☐ issue 名 問題
- ☐ take on ～　～を引き受ける
- ☐ responsibility 名 責任
- ☐ allergy 名 アレルギー
- ☐ allergic 形 アレルギー（体質）の
- ☐ upsetting 形 動揺させるような
- ☐ responsible 形 責任がある
- ☐ terrible 形 ひどい，とても悪い
- ☐ make sure (that) ...
  　…ことを確実にする
- ☐ be prepared for ～
  　～の準備ができていて

設問

- ☐ surprising 形 意外な
- ☐ care about ～　～を気にする
- ☐ pay attention　注意を払う
- ☐ prevent 動 防ぐ
- ☐ noisy 形 騒々しい
- ☐ behavior 名 行動
- ☐ state 動 述べる
- ☐ care for ～　～の世話をする
- ☐ instruct 動 教える
- ☐ biology 名 生物学
- ☐ grade school　小学校
- ☐ allow 動 許可する
- ☐ give up ～　～を手放す
- ☐ reaction 名 反応
- ☐ mention 動 述べる
- ☐ these days　この頃，最近
- ☐ break 名 休憩
- ☐ be likely to *do*　～する可能性が高い
- ☐ be close to ～　～に近い
- ☐ definitely 副 間違いなく，絶対に
- ☐ right away　即座に，今すぐ
- ☐ permission 名 許可
- ☐ worth 形 ～に値する
- ☐ trouble 名 面倒，手間，困難
- ☐ appropriate 形 適切な

食べ物・食事

　世界中のさまざまな食べ物・飲み物や食事，レストランなどに関する語彙。食材などの紹介，レシピ，レストランに対する評価（レビュー），食文化の比較を扱う論説文などの出題が予想される。

特に出題が予想される大問 ⇨ 第1問・第2問・第5問・第6問

- ☐ flavor 名 風味／動 味付けする
- ☐ (local) cuisine 名 郷土料理
- ☐ dairy product 乳製品
- ☐ grocery (store) 名 食料品店
- ☐ frozen food 冷凍食品
- ☐ on a diet ダイエット中で
- ☐ full 形 満腹で
- ☐ another helping おかわり
- ☐ ripe 形 熟した
- ☐ powder 名 粉末
- ☐ vitamin 名 ビタミン
- ☐ antioxidant 名 酸化防止剤
- ☐ carbohydrate 名 炭水化物
- ☐ fat 名 脂肪
- ☐ fiber 名 食物繊維

- ☐ spice 名 香辛料
- ☐ process 動 加工する
- ☐ raw 形 生の
- ☐ food supplement 栄養補助食品
- ☐ dish 名 料理
- ☐ flour 名 小麦粉
- ☐ ingredient 名 材料
- ☐ stir 動 かき混ぜる
- ☐ vegetarian 名 菜食主義者
- ☐ vegan 名 （完全な）菜食主義者
- ☐ serve 動 （食べ物・飲み物を）出す
- ☐ prepare 動 調理する
- ☐ season 動 味付けする
- ☐ soup stock だし汁
- ☐ melt 動 溶かす

第2問

B

第 3 問 A

図表[イラスト]付き英文の読み取り

設問数	**2** 問
配点	**6** 点
解答時間	約 **6 ～ 7** 分
英文語数	約 **250 ～ 300** 語

例　題

You are planning to stay at a hotel in the UK. You found useful information in the Q&A section of a travel advice website.

I'm considering staying at the Hollytree Hotel in Castleton in March 2021. Would you recommend this hotel, and is it easy to get there from Buxton Airport?　(Liz)

Answer

Yes, I strongly recommend the Hollytree. I've stayed there twice. It's inexpensive, and the service is brilliant! There's also a wonderful free breakfast. (Click *here* for access information.)

Let me tell you my own experience of getting there.

On my first visit, I used the underground, which is cheap and convenient. Trains run every five minutes. From the airport, I took the Red Line to Mossfield. Transferring to the Orange Line for Victoria should normally take about seven minutes, but the directions weren't clear and I needed an extra five minutes. From Victoria, it was a ten-minute bus ride to the hotel.

The second time, I took the express bus to Victoria, so I didn't have to worry about transferring. At Victoria, I found a notice saying there would be roadworks until summer 2021. Now it takes three times as long as usual to get to the hotel by city bus, although buses run every ten minutes. It's possible to walk, but I took the bus as the weather was bad.

Enjoy your stay!　(Alex)

Access to the Hollytree Hotel

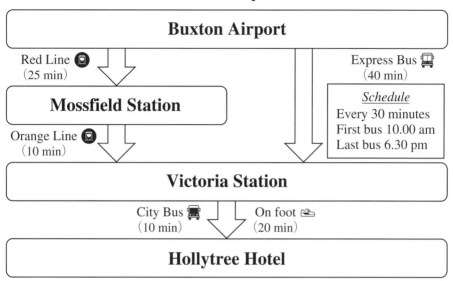

Buxton Airport

Red Line 🚇
(25 min)

Express Bus 🚌
(40 min)

Mossfield Station

Schedule
Every 30 minutes
First bus 10.00 am
Last bus 6.30 pm

Orange Line 🚇
(10 min)

Victoria Station

City Bus 🚌
(10 min)

On foot 👟
(20 min)

Hollytree Hotel

第3問 A

問1　From Alex's answer, you learn that Alex 　16　.

① appreciates the convenient location of the hotel

② got lost in Victoria Station on his first visit to Castleton

③ thinks that the hotel is good value for money

④ used the same route from the airport both times

問2　You are departing on public transport from the airport at 2.00 pm on 15 March 2021. What is the fastest way to get to the hotel? 　17　

① By express bus and city bus

② By express bus and on foot

③ By underground and city bus

④ By underground and on foot

(共通テスト)

問題の解き方

ステップ1 リード文を読み, 図表[イラスト]をざっと見て, 状況を理解する

リード文（状況などを説明している最初の文）を丁寧に読む。また, **どのような図表[イラスト]が使われているのか**を素早くチェックする。

▶**状況設定やテーマがわかる**ので, この後の英文をスムーズに理解できるようになる。

ステップ2 設問文を読んで, 読み取るべき情報をチェックする

設問文を読む（誤った情報が頭に残ってしまう可能性があるので, **原則として選択肢は読まない**。ただし, 設問文の情報が少ない場合は選択肢に軽く目を通す）。

▶**本文および図表[イラスト]から読み取るべき情報**が明確になる。

ステップ3 本文を読み, 該当箇所でストップして設問を解く

本文を読み進め, 必要な情報を発見したら, いったんストップして設問を解く。必要に応じて図表[イラスト]を参照する。

▶通読して内容を把握するというより, **情報を検索するような読み方をする**のがポイント。

解答 問1 ③ 問2 ②

英文訳

あなたはイギリスのホテルに宿泊することを計画中です。旅行アドバイスサイトのQ&Aコーナーで有益な情報を見つけました。

2021年3月にキャッスルトンのホリーツリーホテルに泊まろうと考えています。このホテルをお勧めしますか, また, バクストン空港から現地へは簡単に行けますか？

(リズ)

回答

はい, ホリーツリーを強くお勧めします。私は2回宿泊したことがあります。値段も

安く，サービスも素晴らしいです！　また，素晴らしい無料の朝食もあります。（ア
クセス情報は<u>こちら</u>をクリック）

私自身の現地へ行った体験をお話ししましょう。

初めて行ったときは，安くて便利な地下鉄を利用しました。電車は5分ごとに運行し
ています。空港からモスフィールドまでレッドラインに乗って行きました。ビクト
リア行きのオレンジラインへの乗り換えは通常は7分ほどかかるはずですが，案内が
不明確で5分余分に時間がかかりました。ビクトリアからは，ホテルまでバスで10
分でした。

2回目は，ビクトリア行きの高速バスを利用したので，乗り換えの心配はありません
でした。ビクトリアでは，2021年夏まで道路工事が行われる予定だという掲示が出
ていました。市バスは10分間隔で運行していますが，現在，市バスでホテルまで行
くには通常の3倍の時間がかかります。歩くことも可能ですが，私は天候が悪かった
のでバスを利用しました。

滞在を楽しんでください！　　　　　　　　　　　　　　　　　　（アレックス）

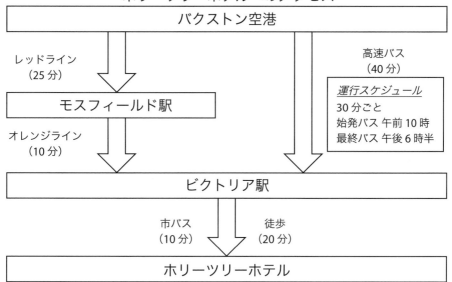

ホリーツリーホテルへのアクセス

問1　アレックスの回答から，アレックスは [16] とわかる。

① このホテルの便利な立地を評価している
② 初めてキャッスルトンを訪れたとき，ビクトリア駅で迷った
③ このホテルは金額に見合う価値があると思っている
④ 2回とも空港から同じルートを使った

ステップ1　リード文を読み，図表[イラスト]をざっと見て，状況を理解する

以下のリード文を読む。

> You are planning to stay at a hotel in the UK. You found useful information in the Q&A section of a travel advice website.
> 「あなたはイギリスのホテルに宿泊することを計画中です。旅行アドバイスサイトのQ&Aコーナーで有益な情報を見つけました。」

□ **イギリスでホテルに滞在する予定**
□ **ウェブ上のQ&Aコーナーの情報**

という2点が確認できた。

次に，図表を見ると，Access to ～「～への行き方」とタイトルが付いており，目的地への複数のルートと所要時間が示されているので，**ルートを選択させる問題**が出ると予想する。

ステップ2　設問文を読んで，読み取るべき情報をチェックする

アレックスという人名があり，**ステップ1**の状況より，Q&Aコーナーで登場する人物と考えられる。設問文はAlexがthat節内のSになっており，V以下を選ばせる形式。そこで，本文（**Answer**）から「アレックスが何をしたのか」「アレックスはどう考えているのか」を読み取ることになる。

ステップ3　本文を読み，該当箇所でストップして設問を解く

設問文から得られる情報が少ないため，的を絞った読み方はできない。このような場合は，**本文を少しずつ（5〜10行程度）読み，それぞれの時点で正誤を判定できそうな選択肢をチェックする**，という方法が効率的だ（本文を最後まで通読して，解いてみたら最初の1，2文で十分だった，というのでは時間の無駄になってしまう）。

まず，第1段落の書き出しが

> Yes, I strongly recommend the Hollytree.
> 「はい，ホリーツリーを強くお勧めします。」

なので，このホテルについて非常に良い評価をしていることがわかる。

具体的には，
- ☐ 低価格である
- ☐ サービスが良い
- ☐ 無料の朝食が素晴らしい

という3点を挙げている。

この時点で，

3 thinks that the hotel is good value for money
「このホテルは金額に見合う価値があると思っている」

が正解だと判断できる。

なお，この選択肢の英文中のforは，He looks young **for** his age.「彼は年齢の割に若く見える」と同じ用法で，good value **for** moneyは「（支払う）お金の割に良い」という意味。

❖誤答分析❖

念のため，他の選択肢を確認しておこう（試験本番では，時間が余ったら後から確認すれば十分）。

① このホテルの便利な立地を評価している
⇒第3段落第1文で「地下鉄」については安価で便利だと述べているが，ホテルの立地については何も述べていない。

② 初めてキャッスルトンを訪れたとき，ビクトリア駅で迷った
⇒初めて訪れたときの記述は，On my first visit, で始まる第3段落。「迷った」というのは，第3段落後半の ... but the directions weren't clear and I needed an extra five minutes.「案内が不明確で5分余分に時間がかかりました」の部分。これはモスフィールド駅でビクトリア駅に行く電車に乗り換えるときの出来事だから，迷った場所はモスフィールド駅である。

④ 2回とも空港から同じルートを使った

⇒1回目については第3段落に書かれており，〈**空港 ⇒（レッドライン）⇒ モスフィールド駅 ⇒（オレンジライン）⇒ ビクトリア駅 ⇒（市バス）⇒ ホテル**〉というルート。2回目については第4段落に書かれており，〈**空港 ⇒（高速バス）⇒ ビクトリア駅 ⇒（市バス）⇒ ホテル**〉というルート。

問2 2021年3月15日午後2時に空港から公共交通機関で出発しようとしている。ホテルに行く最速の方法は何か。 ┃ 17 ┃

① 高速バスと市バスで

② 高速バスと徒歩で

③ 地下鉄と市バスで

④ 地下鉄と徒歩で

ステップ1 リード文を読み，図表[イラスト]をざっと見て，状況を理解する

問1の解説参照。

ステップ2 設問文を読んで，読み取るべき情報をチェックする

ステップ1 での予想通り，ルート選択の問題。ルートを示した図表があり，所要時間も明記されているので，簡単に思える。あとは，何か特殊事情がないかどうか，本文で確認する必要がありそうだ。日時が細かく指定されている点も気になる。

ステップ3 本文を読み，該当箇所でストップして設問を解く

所要時間を計算する上で必要な情報を探しながら読み進めると，アレックスのAnswer第3段落に以下のような記述がある。

Transferring to the Orange Line for Victoria should normally take about seven minutes, but ... 「ビクトリア行きのオレンジラインへの乗り換えは通常は7分ほどかかるはずですが，…」

これは重要な情報なので，図表の中にメモしておこう。

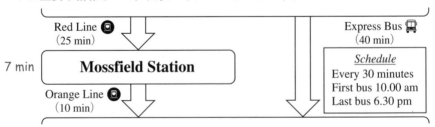

また，ステップ2 で見た通り，本文に何か特殊事情が書かれているのではないかと予想しながら見ていくと，第4段落に2021という年号が書かれているのに気づく。この周辺を確認すると，

> At Victoria, I found a notice saying there would be roadworks until summer 2021. Now it takes three times as long as usual to get to the hotel by city bus, although buses run every ten minutes.
> 「ビクトリアでは，2021年夏まで道路工事が行われる予定だという掲示が出ていました。市バスは10分間隔で運行していますが，現在，市バスでホテルまで行くには通常の3倍の時間がかかります。」

と書かれており，市バスの所要時間は3倍で計算しなくてはならない。実際の所要時間をメモしておこう。

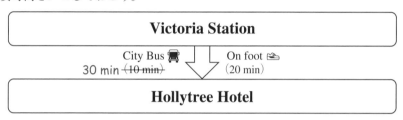

まとめると，最速ルートは以下の赤い矢印になる。

Access to the Hollytree Hotel

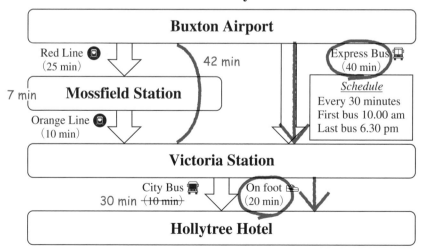

念のためそれぞれの所要時間を計算すると…

①	高速バスと市バスで	：	40＋30＝70分
②	**高速バスと徒歩で**	：	**40＋20＝60分**
③	地下鉄と市バスで	：	25＋7＋10＋30＝72分
④	地下鉄と徒歩で	：	25＋7＋10＋20＝62分

よって，正解は②高速バスと徒歩でとなる。

 着眼点

・設問文から得られる情報が少ない場合，狙いを定めずに本文を通読しがちだが，これは非効率的。自分で本文をいくつかのパートに分割して，パートごとに検討できる選択肢を処理する。

・図表の情報だけで解答が出せることはあまりない。本文を読んで図表と異なる，または図表にない情報があったら，メモをするようにしよう。

語句

リード文

☐ section 名 部分

ウェブサイト・図表

☐ recommend 動 勧める

☐ inexpensive 形 値段が高くない

☐ brilliant 形 素晴らしい

☐ underground 名 地下鉄

☐ transfer 動 乗り換える

☐ normally 副 通常は

☐ direction(s) 名 （道順などの）説明

☐ extra 形 追加の，余分の

☐ notice 名 掲示，張り紙

☐ roadwork(s) 名 道路工事

☐ on foot 徒歩で

設問

☐ appreciate
　　動 良さを認める，評価する

☐ location 名 位置，立地

☐ get lost 道に迷う

☐ depart 動 出発する

☐ public transport 公共交通機関

You are planning a class trip to Kyoto and come across this blog post for an attraction you're interested in.

Cormorant Fishing (Ukai)

Kyoto is home to some of Japan's most famous temples and shrines, but some tourists can be tired of seeing so many in a few days. For those of you who want to see something different, I suggest seeing cormorant fishing on the Katsura River in Arashiyama.

Cormorants are long-necked water birds, and fishermen use them to catch fish on boats. Ropes are tied around the birds' necks so they can't eat the fish, and the fishermen take the fish from their mouths when the birds come back to the boats. The practice, called Ukai, dates back to the 1300s and isn't commonly used for fishing anymore. These tourist demonstrations are the only way the art survives.

If you arrive from Saga-Arashiyama Station or Randen's Arashiyama Station, you'll go south and turn right before you cross the bridge to find Ukai Tours. If you're coming north from Hankyu's Arashiyama Station, you'll have to cross the bridge and then turn left. It will be before the River Rapids Ride, a former boathouse, so make sure you don't go too far.

Tickets are 1,800 yen and get you a seat on the boat to watch the fishing up close. But after each tour you can pay extra to eat grilled fish that were just caught. The food is delicious, and I highly recommend spending the money and the extra half hour to eat there.

There are four tours a day and each lasts a little less than an hour.

1	3:30 p.m.
2	4:00 p.m.
3	4:30 p.m.
4	5:00 p.m.

Access:

(1)	Take a 20-minute train ride northwest from Kyoto Station to Saga-Arashiyama Station and walk south for 10 minutes.

(2)	From Osaka Umeda Station, transfer at Katsura Station, get off at Arashiyama Station and walk 5 minutes north.
(3)	If using Randen trains from within Kyoto, head to the Arashiyama Station terminal and then make a quick 3-minute walk south.

問1 Which of the images below shows the location of the Ukai Tours marked with a star (☆)? ☐ 16

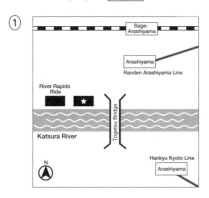
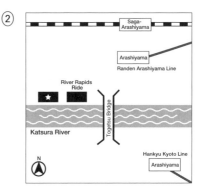

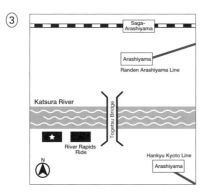
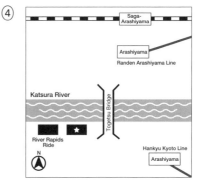

問2 You want to return to Kyoto Station, which is near your hotel, by 6 p.m. Which is the latest tour you can take if you follow the blog's advice? You don't have to consider the time to wait for the train. ☐ 17

① 3:30 p.m.

② 4:00 p.m.

③ 4:30 p.m.

④ 5:00 p.m.

解答 問1 ① 問2 ②

英文訳

京都へのクラス旅行を計画しているあなたは，興味のある観光名所について，このブログ記事を見つけました。

鵜飼（うかい）

　京都には日本で最も有名なお寺や神社のいくつかがありますが，観光客の中には数日であまりに多くの寺社を見ることに飽きてしまう人もいます。何か違うものを見たいという皆さんには，嵐山の桂川で行われる鵜飼を見学することをお勧めします。

　鵜は首の長い水鳥で，漁師は船の上から魚を捕まえるために鵜を利用しています。鵜の首には鵜が魚を食べられないように縄がかけられていて，漁師は鵜が船に戻ってきたときに鵜の口から魚を取り出します。「鵜飼」と呼ばれるこの慣習の起源は1300年代にさかのぼり，今は普通漁業目的では用いられていません。このような観光客向けの実演は，この技術が生き残る唯一の方法なのです。

　嵯峨嵐山駅または嵐電の嵐山駅から来る場合は，南に進み，橋を渡る前に右折すると「鵜飼ツアーズ」があります。阪急の嵐山駅から北上して来る場合は，橋を渡ってから左折することになります。元は舟小屋であるリバー・ラピッズ・ライドの手前になりますので，行き過ぎないように注意してください。

　チケットは1,800円で，漁を間近に見られる船の席を取ることができます。しかし，各ツアーの後には，追加料金を払えば，捕ったばかりの魚の網焼きを食べることができます。料理はとてもおいしいので，料金を支払ってその場でさらに30分の食事時間を過ごすことを是非お勧めします。

　ツアーは1日4回行われ，1回のツアーは1時間弱です。

1	午後3時半
2	午後4時
3	午後4時半
4	午後5時

アクセス：

(1)	京都駅から北西方向へ嵯峨嵐山駅まで電車に20分乗り，さらに徒歩で南に10分進む。
(2)	大阪梅田駅から桂駅で乗り換えて嵐山駅で下車し，北へ徒歩で5分進む。
(3)	京都市内から嵐電を利用する場合は，終点の嵐山駅に向かい，その後徒歩で南へ3分進む。

解説

問1 以下の画像の中で，星印（☆）のついた鵜飼ツアーズの位置を示すものはどれか。

16

①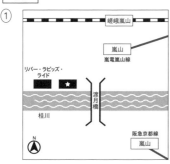

②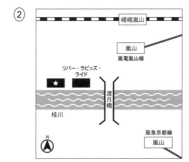

③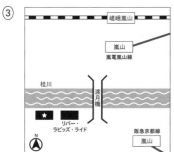

④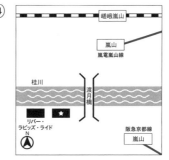

ステップ1 リード文を読み，図表[イラスト]をざっと見て，状況を理解する

以下のリード文を読む。

You are planning a class trip to Kyoto and come across this blog post for an attraction you're interested in.

「京都へのクラス旅行を計画しているあなたは，興味のある観光名所について，このブログ記事を見つけました。」

☐ 京都へのクラス旅行
☐ 興味を引く観光名所についての記事

という点が確認できた。

ステップ2 設問文を読んで，読み取るべき情報をチェックする

「鵜飼ツアーズ」（おそらくツアー主催者の名称だろう）の場所が問われている。選択肢は地図なので，道案内をしている部分を探す。

ステップ3 本文を読み，該当箇所でストップして設問を解く

第3段落に道案内が出てきた。

まず，同段落第1文。

> If you arrive from Saga-Arashiyama Station or Randen's Arashiyama Station, you'll go south and turn right before you cross the bridge to find Ukai Tours.
>
> 「嵯峨嵐山駅または嵐電の嵐山駅から来る場合は，南に進み，橋を渡る前に右折すると『鵜飼ツアーズ』があります。」

「南に進む」とあるので，地図の上の方から下の方へ進むことになる。橋を渡る前に右方向に☆があるのは，①と②だ。

次に，同段落第2・3文。

> If you're coming north from Hankyu's Arashiyama Station, you'll have to cross the bridge and then turn left. It will be before the River Rapids Ride, a former boathouse, so make sure you don't go too far.
>
> 「阪急の嵐山駅から北上して来る場合は，橋を渡ってから左折することになります。元は舟小屋であるリバー・ラピッズ・ライドの手前になりますので，行き過ぎないように注意してください。」

今度は北上なので，地図の下から上へ。橋を渡って左折した後，「リバー・ラピッズ・ライドの手前」とあるので，正解は①となる。

問2 あなたは午後6時までにホテルの近くの京都駅に戻りたいと考えている。ブログのアドバイスに従った場合，最も遅く参加できるツアーはどれか。電車の待ち時間を考慮する必要はない。　17

① 午後3時半
② 午後4時
③ 午後4時半
④ 午後5時

ステップ1 リード文を読み，図表[イラスト]をざっと見て，状況を理解する

問1の解説参照。

ステップ2 設問文を読んで，読み取るべき情報をチェックする

時刻が問われているので，所要時間などに関する記述を確認する。

ステップ3 本文を読み，該当箇所でストップして設問を解く

アクセス(1)によれば，京都駅までの所要時間は電車と徒歩で30分。そこで，午後5時半にはツアーを終えて出発しなくてはならない。ブログの最終段落のアドバイスでは，the extra half hour「さらに30分」を費やして魚を食べることが勧められているので，鵜飼の見学は午後5時に終えなくてはならない。鵜飼の見学にかかる時間は，スケジュールの表の上に書かれている ... each lasts a little less than an hour より，1時間以内である。つまり，午後4時のツアーなら間に合うことになる。

よって，正解は②**午後4時**となる。

着眼点

設問先読みで問われている内容を確認しておくことが重要。第1・2段落は，設問に解答する上では不要な部分なので，ここに時間をかけてはいけない。

語句

本文

☐ cormorant 名 鵜（う）

☐ be home to ～
　～がある［いる］場所で

☐ temple 名 寺

☐ shrine 名 神社

☐ tourist 名 観光客

☐ be tired of ～　～に飽きて

☐ suggest 動 提案する

☐ fisherman 名 漁師

☐ tie 動 結ぶ，くくりつける

☐ practice 名 慣習，ならわし

☐ date back to ～
　～に（時を）さかのぼる

☐ commonly 副 普通は，一般的に

☐ not ～ anymore　もう～ない

☐ demonstration 名 実演

☐ art 名 技術

☐ survive 動 生き残る

☐ former 形 元～

☐ boathouse 名 舟小屋，ボート小屋

☐ make sure (that) ...
　必ず…するようにする

- ☐ up close　すぐ近くで
- ☐ extra 名 追加料金／
　形 余分な，追加の
- ☐ grill 動 焼く，網焼きにする
- ☐ highly 副 大いに
- ☐ recommend 動 勧める
- ☐ transfer 動 乗り換える
- ☐ head 動 向かう，進む
- ☐ terminal 名 終着駅

設問

- ☐ image 名 画像
- ☐ location 名 位置
- ☐ follow 動 続く，従う

高得点獲得への道 Vol. 5　旅行・交通

　旅行や交通手段，道案内などに関する語彙。地図と道案内の組み合わせ，乗り換え案内や時刻表，旅行先や交通手段の比較などの出題が予想される。

特に出題が予想される大問 ⇨ 第3問・第4問

- ☐ day trip / one-day trip　日帰り旅行
- ☐ direction 名 方向，方角
- ☐ package tour　パックツアー
- ☐ World Heritage　世界遺産
- ☐ historic spot　史跡
- ☐ guided tour　ガイドツアー
- ☐ sightseeing 名 観光
- ☐ accommodation 名 宿泊施設
- ☐ hospitality 名 もてなし
- ☐ city hall　市役所
- ☐ pedestrian 名 歩行者
- ☐ (road) sign 名 標識
- ☐ public library　公立図書館
- ☐ subway / underground / tube 名 地下鉄
- ☐ streetcar / tram 名 路面電車
- ☐ bus terminal　バスの発着所
- ☐ gas station　ガソリンスタンド
- ☐ parking lot　駐車場
- ☐ inconvenience 名 不便
- ☐ be delayed　遅れる
- ☐ punctual 形 時間通りの
- ☐ ticket gate　改札口
- ☐ make it　間に合う，都合がつく
- ☐ appointment 名 （人と会う）約束，予約
- ☐ reservation 名 （宿泊やレストランなどの）予約
- ☐ commuter pass　定期券
- ☐ stranger 名 初めて来た人
- ☐ souvenir 名 土産
- ☐ vehicle 名 乗り物（主に車）
- ☐ automobile 名 自動車
- ☐ motorcycle 名 オートバイ

第**3**問 **B**

ストーリーや記事の読解／時系列の整理

設問数	**3**問
配点	**9**点
解答時間	約**6**〜**7**分
英文語数	約**230**〜**390**語

> **GUIDANCE**　雑誌，ニュースレターなどの記事が題材となり，ストーリー展開を把握する力が求められる。時系列に関する設問が１つ含まれる。本文を読み進めながら随時，時系列の設問の選択肢をチェックすると効率的に解答できる。

例　題

Your friend in the UK introduced her favourite musician to you. Wanting to learn more, you found the following article in a music magazine.

Dave Starr, a Living Legend

At one time, Black Swan were the biggest rock band in the UK, and their dynamic leader Dave Starr played a large part in that achievement. Still performing as a solo singer, Dave's incredible talent has inspired generations of young musicians.

When he was a little boy, Dave was always singing and playing with toy instruments. He was never happier than when he was playing his toy drum. At age seven, he was given his first real drum set, and by 10, he could play well. By 14, he had also mastered the guitar. When he was still a high school student, he became a member of The Bluebirds, playing rhythm guitar. To get experience, The Bluebirds played for free at school events and in community centres. The band built up a small circle of passionate fans.

Dave's big break came when, on his 18th birthday, he was asked to become the drummer for Black Swan. In just two years, the band's shows were selling out at large concert halls. It came as a shock, therefore, when the lead vocalist quit to spend more time with his family. However, Dave jumped at the chance to take over as lead singer even though it meant he could no longer play his favourite instrument.

In the following years, Black Swan became increasingly successful, topping the music charts and gaining even more fans. Dave became the principal song writer, and was proud of his contribution to the band. However, with the addition of a keyboard player, the music gradually changed direction. Dave became frustrated, and he and

---

the lead guitarist decided to leave and start a new group. Unfortunately, Dave's new band failed to reach Black Swan's level of success, and stayed together for only 18 months.

問1 Put the following events (① ～ ④) into the order in which they happened.

$\boxed{18}$ → $\boxed{19}$ → $\boxed{20}$ → $\boxed{21}$

① Dave became a solo artist.
② Dave gave up playing the drums.
③ Dave joined a band as the guitarist.
④ Dave reached the peak of his career.

問2 Dave became the lead singer of Black Swan because $\boxed{22}$.

① he preferred singing to playing the drums
② he wanted to change the band's musical direction
③ the other band members wanted more success
④ the previous singer left for personal reasons

問3 From this story, you learn that $\boxed{23}$.

① Black Swan contributed to changing the direction of rock music
② Black Swan's goods sold very well at concert halls
③ Dave displayed a talent for music from an early age
④ Dave went solo as he was frustrated with the lead guitarist

（共通テスト）

第3問

B

問題の解き方

ステップ1　リード文を読んで状況を理解する

　リード文（状況などを説明している最初の文）を丁寧に読む。

▶**主題や状況設定がわかる**ので，この後の英文をスムーズに理解できるようになる。

ステップ2　設問文を読んで，読み取るべき情報をチェックする

　設問文を読む（誤った情報が頭に残ってしまう可能性があるので，**原則として選択肢は読まない**。ただし，設問文の情報が少ない場合は選択肢に軽く目を通す）。

▶**本文から読み取るべき情報**が明確になる。

ステップ3　本文を読み，該当箇所でストップして設問を解く

　本文を読み進め，必要な情報を発見したら，いったんストップして設問を解く。時系列を問う問題は，段落ごとにチェックし，本文を読み終えてから最終チェックする。

▶英文の内容を把握するというより，**情報を検索するような読み方**をするのがポイント。

解答　問1　③→②→④→①　　問2　④　　問3　③

英文訳

英国のあなたの友人が，お気に入りのミュージシャンをあなたに紹介しました。もっと知りたいと思って，あなたは音楽雑誌で以下の記事を見つけました。

生きる伝説，デイヴ・スター

　かつて，ブラックスワンは英国で最大のロックバンドであり，力強いリーダーであるデイヴ・スターはその功績において大きな役割を果たした。現在もソロ歌手として活動中で，デイヴの信じられないほどの才能は，何世代にもわたる若いミュー

ジシャンに刺激を与えてきた。

　幼い少年の頃，デイヴはいつもおもちゃの楽器で歌ったり遊んだりしていた。彼にとっておもちゃのドラムを演奏している時ほど幸せな時はなかった。7歳で彼は最初の本物のドラムセットを与えられ，10歳までに彼は上手に演奏することができた。14歳までに，彼はギターもマスターしていた。彼がまだ高校生の時，ブルーバーズのメンバーになり，リズムギターを弾いた。経験を積むために，ブルーバーズは学校のイベントやコミュニティセンターで無料で演奏をした。そのバンドは情熱的なファンの小さな輪を築き上げた。

　デイヴの大きな転機が訪れたのは，18歳の誕生日にブラックスワンのドラマーになるように頼まれた時だった。わずか2年後には，そのバンドのショーは，大きなコンサートホールでもチケットが売り切れるようになっていた。そのため，リードボーカルが家族とより多くの時間を過ごすために脱退した時には衝撃が走った。しかし，デイヴはお気に入りの楽器をもう演奏できないことになるのに，リードシンガーを引き継ぐチャンスに飛びついた。

　その後数年で，ブラックスワンはますます成功し，音楽チャートのトップに立ち，さらに多くのファンを獲得した。デイヴは主たる作曲家になり，バンドへの貢献を誇りに思っていた。しかし，キーボード奏者の加入により，音楽の方向性が徐々に変化した。デイヴは不満を抱き，彼とリードギタリストは脱退して新しいグループを始めることを決心した。残念ながら，デイヴの新しいバンドはブラックスワンの成功のレベルに達することができず，共に活動したのは18か月だけだった。

解説

問1　以下の出来事（①～④）を起こった順に並べなさい。

| 18 | → | 19 | → | 20 | → | 21 |

①　デイヴはソロアーティストになった。
②　デイヴはドラムの演奏をやめた。
③　デイヴはギタリストとしてバンドに参加した。
④　デイヴはキャリアの頂点に達した。

ステップ1 リード文を読んで状況を理解する

以下のリード文を読む。

Your friend in the UK introduced her favourite musician to you. Wanting to learn more, you found the following article in a music magazine.

「英国のあなたの友人が，お気に入りのミュージシャンをあなたに紹介しました。もっと知りたいと思って，あなたは音楽雑誌で以下の記事を見つけました。」

□ 友人から紹介してもらった，あるミュージシャンについての記事

という点が確認できた。

ステップ2 　設問文を読んで，読み取るべき情報をチェックする

出来事を時系列に並べる問題。

このタイプの問題は，本文を1段落読むごとに選択肢をチェックし，その段落で書かれていた内容の選択肢を発見したら，本文の左右の余白に選択肢の番号をメモしておこう。

なお，本文の記述が全て時系列で書かれているとは限らないので気をつけよう。

ステップ3 　本文を読み，該当箇所でストップして設問を解く

段落ごとに確認しよう。

〈第1段落〉

第2文に，Still performing as a solo singer「現在もソロ歌手として活動中で」とあり，これは選択肢①に該当するが，現在の内容なので，順番としては最後の方になりそうだ。どの時点でソロになったのか，さらに情報が必要。

〈第2段落〉

最初にWhen he was a little boy, ... とあるので，この段落から過去の歴史を振り返っていく展開だとわかる。第5文で，..., he became a member of The Bluebirds, playing rhythm guitar.「ブルーバーズのメンバーになり，リズムギターを弾いた。」との記述があり，これは選択肢③に該当する。

〈第3段落〉

最終文However, Dave jumped at the chance to take over as lead singer even though it meant he could no longer play his favourite instrument.「しかし，デイヴはお気に入りの楽器をもう演奏できないことになるのに，リードシンガーを引き継ぐチャンスに飛びついた。」に注目。デイヴはバンドのドラマーだったので，「お気に入りの楽器」とはドラムのことである。よって，選択肢②に該当する。

〈最終段落〉

第1〜2文In the following years, Black Swan became increasingly successful, topping the music charts and gaining even more fans. Dave became the principal song writer, and was proud of his contribution to the band. 「その後数年で，ブラックスワンはますます成功し，音楽チャートのトップに立ち，さらに多くのファンを獲得した。デイヴは主たる作曲家になり，バンドへの貢献を誇りに思っていた。」が選択肢④に該当すると考えられる。その後デイヴはバンドを脱退し，あまり成功しなかったと書かれているので，この頃がピークだったと言える。

　また，最終文の後半に，... and stayed together for only 18 months. 「共に活動したのは18か月だけだった。」とあるので，ソロになった（選択肢①）のは時系列の最後だとわかる。

　よって，正解は③→②→④→①となる。

問2　デイヴは　22　のでブラックスワンのリードシンガーになった。
　①　ドラムを演奏するよりも歌うことが好きだった
　②　バンドの音楽の方向性を変えたかった
　③　バンドの他のメンバーがさらなる成功を望んだ
　④　前の歌手が個人的な理由で脱退した

ステップ1　リード文を読んで状況を理解する
　問1の解説参照。

ステップ2　設問文を読んで，読み取るべき情報をチェックする
　デイヴがバンド内でリードシンガー（メインの歌手）になった理由が問われているので，それに関する記述を探すことになる。

ステップ3　本文を読み，該当箇所でストップして設問を解く
　リードシンガーになったとの記述は，第3段落最終文のDave jumped at the chance to take over as lead singer「リードシンガーを引き継ぐチャンスに飛びついた」の部分。take overは「（仕事などを）引き継ぐ」の意味。

　そこで，このような結果になった事情を同じ段落内で探すと，第3文 ... the lead vocalist quit to spend more time with his family「リードボーカルが家族とより多くの時間を過ごすために脱退した」とある。

　よって，正解は④前の歌手が個人的な理由で脱退したとなる。

問3　この話から，　23　ことがわかる。
　①　ブラックスワンはロックミュージックの方向性を変えることに貢献した

② ブラックスワンのグッズはコンサートホールでとても売れ行きが良かった

③ デイヴは幼い頃から音楽の才能を発揮していた

④ デイヴはリードギタリストに不満があったのでソロになった

ステップ1 リード文を読んで状況を理解する

問1の解説参照。

ステップ2 設問文を読んで，読み取るべき情報をチェックする

設問文に情報がないので，軽く選択肢に目を通すと，① ②はバンド名の Black Swan「ブラックスワン」，③ ④は主人公のDave「デイヴ」という固有名詞が目に入る。<u>固有名詞は大文字から始まるので，選択肢の該当箇所を探すときに役立つことが多い。</u>

デイヴは主人公なので本文全体に登場する。ブラックスワンについては主に，第3〜4段落で述べられている。

ステップ3 本文を読み，該当箇所でストップして設問を解く

デイヴについては，第2段落第3〜4文に以下の記述がある。

At age seven, he was given his first real drum set, and by 10, he could play well. By 14, he had also mastered the guitar.

「7歳で彼は最初の本物のドラムセットを与えられ，10歳までに彼は上手に演奏することができた。14歳までに，彼はギターもマスターしていた。」

よって，正解は③デイヴは幼い頃から音楽の才能を発揮していたとなる。

❖誤答分析❖

① ブラックスワンはロックミュージックの方向性を変えることに貢献した

⇒そのような記述はない。また，第4段落第3文にthe music gradually changed direction「音楽の方向性が徐々に変化した」とあるが，これはバンドの音楽の方向性が変化したのであって，ロックミュージック全体の方向性を変えたわけではない。

② ブラックスワンのグッズはコンサートホールでとても売れ行きが良かった

⇒グッズについては記述がない。第3段落第2文にthe band's shows were selling out at large concert halls「そのバンドのショーは，大きなコンサートホールでもチケットが売り切れるようになっていた」とあるが，この sell out は自動詞の用法で，「（チケットなどが）売り切れる」の意味。

④ デイヴはリードギタリストに不満があったのでソロになった

⇒ソロになった理由は特に書かれていない。最終段落第3〜4文は〈キーボード奏者に不満→リードギタリストとともに脱退→新グループ結成→18か月で解散〉という流れ。

 着眼点

・時系列を問う問題は，段落ごとに選択肢と照合し，問題用紙にメモをしよう。
・本文が全て時系列に沿って書かれているとは限らない。**現在の状況を説明してから，過去の出来事を振り返る，という展開**も想定しよう。
・本文と同一，または類似した語句を含む選択肢を選びがちだが，慎重にチェックすべき。正解の選択肢は**本文の内容を抽象化**していて，使われている語句は全く異なる場合が多い。

語句

記事

- ☐ dynamic 形 精力的な，力強い
- ☐ achievement 名 業績，功績
- ☐ incredible 形 信じられないほどの
- ☐ talent 名 才能
- ☐ inspire 動 刺激する，奮い立たせる
- ☐ instrument 名 楽器
- ☐ build up ～ ～を築き上げる
- ☐ circle 名 （人の）輪，集団
- ☐ passionate 形 情熱的な，熱意のある
- ☐ break 名 機会，好機
- ☐ sell out （チケットなどが）売り切れる
- ☐ jump at ～ ～（チャンスなど）に飛びつく

- ☐ take over 引き継ぐ
- ☐ no longer ～ もはや～ない
- ☐ increasingly 副 ますます
- ☐ top 動 ～の頂点に立つ
- ☐ gain 動 得る，獲得する
- ☐ principal 形 主要な
- ☐ contribution 名 貢献
- ☐ addition 名 追加，加入
- ☐ gradually 副 徐々に
- ☐ direction 名 方向性
- ☐ frustrated 形 不満で，いらいらして
- ☐ fail to *do* ～しない，～できない

設問

- ☐ order 名 順序
- ☐ prefer *A* to *B* *B*より*A*を好む
- ☐ previous 形 以前の
- ☐ personal 形 個人的な

- ☐ contribute to ～ ～に貢献する
- ☐ goods 名 グッズ，商品
- ☐ display 動 見せる，発揮する
- ☐ go solo ソロになる

You became interested in martial arts and found this article on a website.

Bruce Lee: Pioneer

Bruce Lee was born in the United States to Chinese parents in 1940. He moved between Hong Kong and America throughout his life, which was marked by the mixture of Eastern and Western values. Lee learned martial arts in Hong Kong as a young boy, though at first he was rejected because his mother was half-German and kung fu was not supposed to be taught to foreigners. He eventually was given permission and was instructed by the famous teacher Ip Man.

Lee returned to America to attend school and develop his martial arts. Later, he acted in various movies in Hong Kong as well as television shows like *The Green Hornet* in America. He split his time between the two countries as he developed his own techniques. In 1967, he developed his own style of martial arts called Jeet Kune Do and opened a school of his own. Because of his prior experience of being denied access to martial arts training, he opened his school to people of any nationality. He became notable for being one of the first people to teach martial arts to non-Asians in the Western world.

He continued to play bigger and bigger roles in both Hong Kong and America until he starred in 1973's *Enter the Dragon*, which is still the most successful martial arts film of all time. Unfortunately, he died of a brain injury while making another film, just a few days before *Enter the Dragon* opened in Hong Kong. The film and Bruce Lee himself has had great influence on martial arts and films throughout the world.

問 1　Put these events (①〜④) in the order they occurred.

$$\boxed{18} \rightarrow \boxed{19} \rightarrow \boxed{20} \rightarrow \boxed{21}$$

① Lee appeared in an American TV show *The Green Hornet*.
② Lee passed away.
③ *Enter the Dragon* was released.
④ Lee established his original martial arts style.

問2　What was unusual about Bruce Lee's martial arts school?　22

① It taught people coming from any country.

② He blended different styles from across Asia.

③ The style was intended mostly for use in movies.

④ No one had opened a martial arts school in America.

問3　Bruce Lee was known for　23　.

① developing new filming techniques

② introducing martial arts to many people outside Asia

③ learning from several different famous kung fu masters

④ being the first Asian actor to star in a Hollywood film

チャレンジテストの解答・解説

解答 問1 ① → ④ → ② → ③　問2 ①　問3 ②

英文訳

あなたは武術に興味を持ち始めて，あるウェブサイトでこの記事を見つけました。

ブルース・リー：先駆者

　ブルース・リーは，1940年に中国人の両親のもと，アメリカで生まれた。彼は生涯を通じて香港とアメリカを行き来し，その人生は東洋と西洋の価値観が混ざり合っているのが特徴的だった。リーは少年時代に香港で武術を習った。ただ，彼の母親がドイツ人とのハーフで，カンフーは外国人に教えるべきでないとされていたため，最初は断られたのだが。最終的には彼は習うことを許可され，かの有名な師範である葉問（イップ・マン）による指導を受けた。

　リーはアメリカに戻って学校に通い，自分の武術を上達させた。その後彼は，アメリカの『グリーン・ホーネット』などのテレビ番組のみならず，香港のさまざまな映画に出演した。彼は自らの武術に磨きをかけつつ，2つの国の間を行き来した。1967年，彼は截拳道（ジークンドー）という独自の流儀の武術を開発し，自分の学校を開設した。以前に武術を学ぶ機会を与えられなかった経験から，自分の学校においてはどんな国籍の人にも門戸を開いた。彼は西洋でアジア人以外の人に武術を教えた最初の人物の一人として注目された。

　彼は香港とアメリカの両方でますます大きな役を演じ続け，ついには1973年の『燃えよドラゴン』に主演したが，これは今でも史上最も成功した武術映画である。残念ながら，彼は別の映画の制作期間中に脳を損傷して亡くなった。『燃えよドラゴン』が香港で公開される数日前のことだった。この映画とブルース・リー自身は，世界中の武術と映画に大きな影響を与えてきた。

問1 以下の出来事（①～④）を起こった順に並べなさい。

$$\boxed{18} \rightarrow \boxed{19} \rightarrow \boxed{20} \rightarrow \boxed{21}$$

① リーが『グリーン・ホーネット』というアメリカのテレビ番組に出演した。

② リーが亡くなった。

③ 『燃えよドラゴン』が公開された。

④ リーが独自の武術の流儀を確立した。

ステップ1 リード文を読んで状況を理解する

以下のリード文を読む。

> You became interested in martial arts and found this article on a website.
> 「あなたは武術に興味を持ち始めて，あるウェブサイトでこの記事を見つけました。」

martial art(s)は「武道，武術」の意味。これを知っていれば，武術そのもの，または武術家がテーマであろうと推測できる。martial art(s)を知らなければ，ここから得られる情報はないので，次の段階に進む。

ステップ2 設問文を読んで，読み取るべき情報をチェックする

時系列に並べさせる問題なので，各選択肢に該当する記述を見つけ，その前後関係を整理することになる。

ステップ3 本文を読み，該当箇所でストップして設問を解く

本文は3段落から成り，時系列に沿って記述されているので，該当箇所を探しやすい。

① リーが『グリーン・ホーネット』というアメリカのテレビ番組に出演した。
⇒第2段落第2文。

② リーが亡くなった。
⇒第3段落第2文。

③ 『燃えよドラゴン』が公開された。
⇒第3段落第2文にリーは公開の数日前に亡くなったとあるので，③は②より後。

④ リーが独自の武術を確立した。

第3問 B

⇒第2段落第4文。

よって，正解は①→④→②→③となる。

問2 ブルース・リーの武術学校が珍しかった点は何か。 22
① どの国から来た人にも教えていた。
② 彼はアジア中のさまざまな流儀を融合させた。
③ その流儀は主に映画の中で使うことを意図していた。
④ アメリカではそれまで誰も武術学校を開いていなかった。

ステップ1 リード文を読んで状況を理解する
問1の解説参照。

ステップ2 設問文を読んで，読み取るべき情報をチェックする
「武術学校」について問われているので，「学校」についての記述を探す。

ステップ3 本文を読み，該当箇所でストップして設問を解く
第2段落第4文に opened a school「学校を開いた」とあるので，この後の記述を確認すると，次の文に

> Because of his prior experience of being denied access to martial arts training, he opened his school to people of any nationality.
> 「以前に武術を学ぶ機会を与えられなかった経験から，自分の学校においてはどんな国籍の人にも門戸を開いた。」

とある。よって，正解は①どの国から来た人にも教えていた。となる。
他の選択肢はいずれも本文中に記述がない。

問3 ブルース・リーは 23 で知られていた。
① 新しい撮影技術を開発したこと
② アジア以外の多くの人々に武術を紹介したこと
③ 数人の有名なカンフーの達人たちから学んだこと
④ ハリウッド映画に主演した最初のアジア人俳優となったこと

ステップ1　リード文を読んで状況を理解する

　問1の解説参照。

ステップ2　設問文を読んで，読み取るべき情報をチェックする

　be known for ～は「～で知られて，～で有名な」の意味。forは「理由」を表す前置詞。そこで，本文からブルース・リーが有名だという記述を探し，その理由を確認することになる。

ステップ3　本文を読み，該当箇所でストップして設問を解く

　「有名」にあたる語としては，第2段落最終文のnotable「注目に値する；顕著な；著名な」がある。notableの後にも「理由」を表す前置詞forがあり，being one of the first people to teach martial arts to non-Asians in the Western world「西洋でアジア人以外の人に武術を教えた最初の人物の一人であること」と続く。

　よって，正解は②アジア以外の多くの人々に武術を紹介したこととなる。

　着眼点

　　正解の選択肢とは，本文と同じ内容を別の語句を用いて表現している［言い換えている］選択肢。この言い換えは，❶一般的に言い換えられるものと，❷その文脈限りで言い換えられるものがある。問2のnationality⇒countryや問3のnotable⇒knownは❶，　問2のopened his school⇒taughtや 問3のteach⇒introduceは❷の例と言えよう。

リード文

☐ martial art(s)　武道，武術

本文

☐ pioneer 图　先駆者

☐ throughout
　前　〜の間じゅう，〜を通してずっと

☐ mark 動　特徴付ける

☐ mixture 图　混合

☐ values 图　(-sで) 価値観

☐ reject 動　拒否する

☐ be supposed to *do*
　〜すべきだ，〜することになって

☐ eventually 副　結局，最終的に

☐ permission 图　許可

☐ attend 動　通う

☐ develop 動　開発する，発展させる

☐ act 動　出演する，演技する

☐ *A* as well as *B*　BだけでなくAも

☐ split 動　分ける

☐ technique 图　技術，技法

☐ style 图　流儀，様式

☐ 〜 of *one's* own　自分の〜

☐ prior 形　前の

☐ experience 图　経験

☐ deny 動　与えない，拒む

☐ access 图　権利，機会

☐ nationality 图　国籍

☐ notable 形　注目に値する，著名な

☐ star 動　主演する

☐ unfortunately 副　残念ながら

☐ die of 〜　〜(原因) で死ぬ

☐ injury 图　負傷，損傷

☐ influence 图　影響

設問

☐ order 图　順序

☐ appear 動　登場する

☐ pass away　死ぬ，亡くなる

☐ release 動　(映画などを) 公開する

☐ establish 動　確立する

☐ unusual 形　珍しい

☐ blend 動　混ぜ合わせる

☐ intend 動　意図する

☐ mostly 副　主として

☐ be known for 〜
　〜で知られて，〜で有名な

☐ filming 图　映画制作

☐ master 图　達人，名人

通信・インターネット

　携帯電話やインターネット，オンラインショッピングなどに関する語彙。携帯電話（スマートフォン）の世代ごとの普及率，スマートフォンやタブレットを学校で使用することの是非，オンラインショッピングと店舗での買い物との比較，インターネット依存の弊害，携帯電話やインターネットの普及による社会の変化や問題点などをテーマとする英文の出題が予想される。

特に出題が予想される大問 ⇨ 第1問・第2問・第4問・第6問

- ☐ write a blog　ブログを書く
- ☐ take a selfie　自撮りをする
- ☐ post 動 （SNSなどに）投稿する
- ☐ log in　ログインする
- ☐ log out　ログアウトする
- ☐ connection speed　通信速度
- ☐ streaming
  　图 （映像などの）配信サービス
- ☐ behind the wheel　運転中
- ☐ concentration 图 集中（力）
- ☐ distract 動 気をそらす
- ☐ content 图 中身，内容
- ☐ visual 形 視覚的な
- ☐ text message　テキストメッセージ（携帯電話で送るメール）
- ☐ save 動 （データなどを）保存する
- ☐ laptop computer　ノートパソコン
- ☐ reply to ～　～に返信する
- ☐ search box　検索窓

- ☐ discount 图 値引き
- ☐ at a discount　値引き価格で
- ☐ purchase 图 購入
- ☐ e-money 图 電子マネー
- ☐ bargain 图 掘り出し物
- ☐ shipping 图 （商品の）発送
- ☐ order history　注文履歴
- ☐ out of stock　在庫切れで
- ☐ settlement 图 決済
- ☐ delivery 图 配達
- ☐ cardboard 图 段ボール
- ☐ styrene 图 スチレン（発泡スチロールなどの原料）
- ☐ wrap 動 包装する
- ☐ item 图 品物
- ☐ merchandise 图 商品
- ☐ reviewer 图 評価者
- ☐ attach
  　動 （ファイルなどを）添付する

第3問 B

第4問

メッセージ×２＋資料（グラフ・図表）の読み取り

設問数	5問
配点	16点
解答時間	約10～12分
英文語数	約440～570語

GUIDANCE ２つの長いメッセージやブログ記事とそれに関連するグラフ・図表などの資料の読み取り。プレゼン用のドラフトの完成，図表に基づく計算などの形で情報の整理が求められる。本文と資料を行き来しながら読み進める必要がある。

例 題

You are preparing a presentation on tourism in Japan. You emailed data about visitors to Japan in 2018 to your classmates, Hannah and Rick. Based on their responses, you draft a presentation outline.

The data:

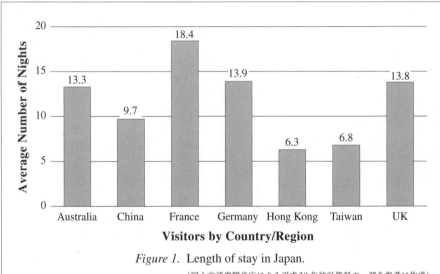

Figure 1. Length of stay in Japan.

（国土交通省観光庁による平成30年統計資料の一部を参考に作成）

Table 1

Average Amount of Money Spent While Visiting Japan

Visitors by country/region	Food	Entertainment	Shopping
Australia	58,878	16,171	32,688
China	39,984	7,998	112,104
France	56,933	7,358	32,472
Germany	47,536	5,974	25,250
Hong Kong	36,887	5,063	50,287
Taiwan	28,190	5,059	45,441
UK	56,050	8,341	22,641

(yen per person)

（国土交通省観光庁による平成30年統計資料の一部を参考に作成）

The responses to your email:

Hi,

Thanks for your email! That's interesting data. I know that the number of international visitors to Japan increased previously, but I never paid attention to their length of stay. I assume that visitors from Asia come for shorter stays since they can go back and forth easily.

Also, the table shows that Asian visitors, overall, tend to spend more on shopping compared to visitors from Europe and Australia. I guess this is probably because gift-giving in Asian cultures is really important, and they want to buy gifts for friends and family. For example, I have seen many Asian tourists shopping around Ginza, Harajuku, and Akihabara. Perhaps they don't have to spend so much money on accommodations, so they can spend more on shopping. I'd like to talk about this.

However, I've heard that visitors from Asia are now becoming interested in doing some other things instead of shopping. We may see some changes in this kind of data in the near future!

Best,
Hannah
P.S. This message is going to Rick, too.

Hi,

Thanks for sending your data! This will help us prepare for our presentation!

I notice from the data that Australians spend the most on entertainment. I'll present on this.

Also, the other day, on Japanese TV, I saw a program about Australian people enjoying winter sports in Hokkaido. I wonder how much they spend. I'll look for more information. If you find any, please let me know. This could be good for a future project.

In addition, I agree with Hannah that there seems to be a big difference in the length of stay depending on the country or region the visitor is from.

What about you? Do you want to talk about what Hannah found in relation to the spending habits? I think this is very interesting.

All the best,
Rick
P.S. This message is going to Hannah, too.

The presentation draft:

Presentation Title: [24]

Presenter	Topic
Hannah:	[25]
Rick:	[26]
me:	Relation to the length of stay

Example comparison:
People from [27] stay just over half the time in Japan compared to people from [28], but spend slightly more money on entertainment.

Themes for Future Research: [29]

問1 Which is the best for ⎡ 24 ⎤?
  ① Money Spent on Winter Holidays in Hokkaido
  ② Shopping Budgets of International Tourists in Tokyo
  ③ Spending Habits of International Visitors in Japan
  ④ The Increase of Spending on Entertainment in Japan

問2 Which is the best for ⎡ 25 ⎤?
  ① Activities of Australian visitors in Japan
  ② Asian visitors' food costs in Japan
  ③ Gift-giving habits in European cultures
  ④ Patterns in spending by visitors from Asia

問3 Which is the best for ⎡ 26 ⎤?
  ① Australian tourists' interest in entertainment
  ② Chinese spending habits in Tokyo
  ③ TV programs about Hokkaido in Australia
  ④ Various experiences Asians enjoy in Japan

問4 You agree with Rick's suggestion and look at the data. Choose the best for
  ⎡ 27 ⎤ and ⎡ 28 ⎤.
  ① Australia
  ② China
  ③ France
  ④ Taiwan

問5 Which is the best combination for ⎡ 29 ⎤?
  A : Australians' budgets for winter sports in Japan
  B : Future changes in the number of international visitors to Tokyo
  C : Popular food for international visitors to Hokkaido
  D : What Asian visitors in Japan will spend money on in the future

  ① A, B   ④ B, C
  ② A, C   ⑤ B, D
  ③ A, D   ⑥ C, D

（共通テスト）

第4問

問題の解き方

ステップ1 リード文を読み, 図表[イラスト]をざっと見て, 状況を理解する

リード文（状況などを説明している最初の文）を丁寧に読む。また, **どのような図表[イラスト]が使われているのか**を素早くチェックする。

▶状況設定やテーマがわかるので, この後の英文をスムーズに理解できるようになる。

ステップ2 設問文を読んで, 読み取るべき情報をチェックする

設問文を読む（誤った情報が頭に残ってしまう可能性があるので, **原則として選択肢は読まない**。ただし, 設問文の情報が少ない場合は選択肢に軽く目を通す）。

▶**本文および図表[イラスト]から読み取るべき情報**が明確になる。

ステップ3 本文を読み, 該当箇所でストップして設問を解く

本文を読み進め, 必要な情報を発見したらいったんストップして設問を解く。必要に応じて図表[イラスト]を参照する。

▶通読して内容を把握するというより, **情報を検索するような読み方**をするのがポイント。

解答 問1 ③ 問2 ④ 問3 ①

問4 | 27 | ② | 28 | ③ 問5 ③

英文訳

あなたは日本の観光に関するプレゼンテーションを準備しています。2018年の日本への訪問者に関するデータをクラスメートのハンナとリックにメールで送信しました。彼らの返信に基づいて, プレゼンテーションの概要を作成します。

データ：

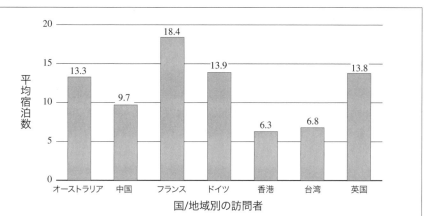

図 1. 日本での滞在期間

表1

日本訪問中に使われた金額の平均

国／地域別の訪問者	食べ物	娯楽	買い物
オーストラリア	58,878	16,171	32,688
中国	39,984	7,998	112,104
フランス	56,933	7,358	32,472
ドイツ	47,536	5,974	25,250
香港	36,887	5,063	50,287
台湾	28,190	5,059	45,441
英国	56,050	8,341	22,641

（円／1人あたり）

あなたのメールへの返信：

こんにちは，

　メールありがとう！　興味深いデータですね。以前に海外からの来日者が増えたことは知っていますが，滞在期間には注目したことがありませんでした。アジアからの訪問者は容易に行き来できるので，より短期の滞在のために来ると思います。

　また，この表は，アジア人訪問者は全体的に，ヨーロッパやオーストラリアからの訪問者と比較して，買い物に多くの出費をする傾向があることを示しています。これはおそらく，アジアの文化において贈り物が本当に重要であり，彼らが友人や

家族へお土産を買いたいからであろうと推測します。たとえば，銀座，原宿，秋葉原周辺で買い物をするアジア人観光客を数多く見たことがあります。おそらく彼らは宿泊施設にそれほど多くのお金を使う必要がないので，買い物により多くの出費をすることができるのでしょう。これについて話したいと思います。

　しかし，アジアからの訪問者は，今では買い物ではなく，何か他のことをすることに興味を持つようになっていると聞いています。近い将来，この種のデータに変化が生じるのを見ることになるかもしれません！

それでは，また。
ハンナ
追伸　このメッセージはリックにも送信されます。

こんにちは，

　データを送ってくれてありがとう！　これは，僕たちがプレゼンテーションの準備をするのに役立ちそうですね！

　データを見て，オーストラリア人が娯楽に最も多くの出費をしていることに気づきます。僕はこれについてプレゼンをします。

　また，先日，日本のテレビで，北海道でウィンタースポーツを楽しんでいるオーストラリア人についての番組を見ました。彼らはお金をいくら使っているのでしょうね。さらに情報を探すつもりです。何か見つけたら，私に知らせてください。これは将来のプロジェクトに役立つ可能性があります。

　さらに，訪問者の出身国や地域によって滞在期間に大きな違いがあるようだというハンナの意見にも私は賛成です。

　あなたはどうですか？　お金の使い方の習慣に関連してハンナが見つけたものについて話したいですか？　これはとても興味深いと思います。

それでは，よろしく。
リック

追伸　このメッセージはハンナにも送信されます。

プレゼンテーションの草案：

プレゼンテーションのタイトル：　　　　　 24

プレゼンをする人　　　議題

ハンナ：　　　　　 25

リック：　　　　　 26

私：　　　　　滞在期間との関係

　　　　　　比較例：

　　　　27 　から来る人は　 28 　から来る人に比べて日本に滞在
　　　　する時間は半分を超える程度に過ぎませんが，娯楽への出費は
　　　　わずかに多くなっています。

将来の研究テーマ：　　　　　 29

解説

問1　 24 　に最適なのはどれか。

① 北海道での冬休みに費やされたお金

② 東京の外国人観光客の買い物予算

③ 外国人訪問者の日本国内における出費の習慣

④ 日本の娯楽への出費の増加

ステップ1　リード文を読み，図表[イラスト]をざっと見て，状況を理解する

以下のリード文を読む。

You are preparing a presentation on tourism in Japan. You emailed data about visitors to Japan in 2018 to your classmates, Hannah and Rick. Based on their responses, you draft a presentation outline.

「あなたは日本の観光に関するプレゼンテーションを準備しています。2018年の日本への訪問者に関するデータをクラスメートのハンナとリックにメールで送信しました。彼らの返信に基づいて，プレゼンテーションの概要を作成します。」

□ プレゼンテーションのテーマは「日本の観光業」である

□ 日本を訪れた人々に関するデータが出てくる

　⇒グラフや表で示されることが予想される

□ プレゼンテーションのドラフト（下書き）を作成している

⇒ドラフトの中の空欄を埋める問題が出ることが予想される

⇒ドラフトを完成させるのにどのような情報が必要なのかチェック！

ということが確認できた。

　次に，資料に目を通す。最初のグラフは

Visitors by Country/Region

とあるので，国ごとのデータだが，縦軸に

Average Number of Nights

とあるので，宿泊日数を表していることがわかる。

　2点目の資料である表には，

Average Amount of Money Spent While Visiting Japan

とタイトルがついているので，日本滞在中のお金の使い方に関するデータ。

　この後のメッセージは往復のやり取りではなく，

The responses to your email:

つまり，自分が送ったデータに対する2人の返信であることを確認しておこう。

　最後の資料はプレゼンテーションのドラフト。

Presentation Title: ＿＿＿＿＿＿ 24 ＿＿＿＿＿＿

Presenter 　　　　**Topic**

　Hannah: 　　＿＿＿ 25 ＿＿＿

　Rick: 　　　　＿＿＿ 26 ＿＿＿

　me: 　　　　Relation to the length of stay

　　　　　　　　　Example comparison:

　　　　　　　　　People from 27 stay just over half the time in Japan

　　　　　　　　　compared to people from 28 , but spend slightly more

　　　　　　　　　money on entertainment.

Themes for Future Research: ＿＿＿ 29 ＿＿＿

　プレゼンテーションのタイトル，ハンナとリックが行うプレゼンテーションのトピックが問われている。

　27 28 はfromの後についているので，国名が問われていると思われる。最後に「将来の研究テーマ」も問われていることを確認する。

ステップ2　設問文を読んで，読み取るべき情報をチェックする

　24 はドラフトの最初にある「プレゼンテーションのタイトル」。

3人のプレゼンテーションに共通するものである必要がある（※したがって，実際に解く順序としては，問2・問3を先にやった方が良いだろう）。

ステップ3 本文を読み，該当箇所でストップして設問を解く

ハンナのメッセージの第2段落最後を見ると，以下の記述がある。

Perhaps they don't have to **spend** so much money on accommodations, so they can **spend** more on shopping. I'd like to talk about this.

「おそらく彼らは宿泊施設にそれほど多くのお金を使う必要がないので，買い物により多くの出費をすることができるのでしょう。これについて話したいと思います。」

また，リックのメッセージの第2段落には以下の記述がある。

I notice from the data that Australians **spend** the most on entertainment. I'll present on this.

「データを見て，オーストラリア人が娯楽に最も多くの出費をしていることに気づきます。僕はこれについてプレゼンをします。」

さらに，「私」のプレゼンテーションのドラフトには，
Relation to the length of stay「滞在期間との関係」
というタイトルがあるが，その下には

... **spend** slightly more money on entertainment.
「…娯楽への出費はわずかに多くなっています。」

との記述がある。

　以上の3人のプレゼンテーションは全てspendという動詞が含まれていることからわかるように，いずれも**海外からの訪問者の「出費」**について扱っていることがわかる。

　よって，正解は③**外国人訪問者の日本国内における出費の習慣**となる。

❖誤答分析❖
　念のため，他の選択肢を確認しておこう。
　　① 北海道での冬休みに費やされたお金
　　　⇒リックのみが言及している。
　　② 東京の外国人観光客の買い物予算

⇒ハンナのみが言及している。

④ 日本の娯楽への出費の増加
⇒娯楽への出費についてはリックのみが言及している（増加については言及していない）。

問2 　25　 に最適なのはどれか？

① 日本でのオーストラリア人訪問者の活動
② 日本でのアジア人訪問者の食費
③ ヨーロッパ文化における贈り物の習慣
④ アジアからの訪問者の出費パターン

ステップ1 　リード文を読み，図表［イラスト］をざっと見て，状況を理解する
問1の解説参照。

ステップ2 　設問文を読んで，読み取るべき情報をチェックする
ハンナのプレゼンテーションでのトピックを確認すればよい。

ステップ3 　本文を読み，該当箇所でストップして設問を解く
すでに問1で見たとおり，ハンナのメッセージの第2段落後半を見ると，以下の記述がある。

> For example, I have seen many Asian tourists shopping around Ginza, Harajuku, and Akihabara. Perhaps they don't have to spend so much money on accommodations, so they can spend more on shopping. I'd like to talk about this.
>
> 「たとえば，銀座，原宿，秋葉原周辺で買い物をするアジア人観光客を数多く見たことがあります。おそらく彼らは宿泊施設にそれほど多くのお金を使う必要がないので，買い物により多くの出費をすることができるのでしょう。これについて話したいと思います。」

よって，正解は④アジアからの訪問者の出費パターンとなる。

問3 　26　 に最適なのはどれか。

① オーストラリア人観光客の娯楽への関心
② 東京における中国人の出費の習慣
③ 北海道に関するオーストラリアのテレビ番組
④ アジア人が日本で楽しむさまざまな体験

問1の解説参照。

ステップ2 設問文を読んで，読み取るべき情報をチェックする
リックのプレゼンテーションでのトピックを確認すればよい。

ステップ3 本文を読み，該当箇所でストップして設問を解く
すでに問1で見たとおり，リックのメッセージの第2段落を見ると，以下の記述がある。

> I notice from the data that Australians spend the most on entertainment. I'll present on this.
> 「データを見て，オーストラリア人が娯楽に最も多くの出費をしていることに気づきます。僕はこれについてプレゼンをします。」

よって，正解は①オーストラリア人観光客の娯楽への関心となる。

問4 あなたはリックの提案に同意し，データを見る。 27 と 28 に最適なものを選びなさい。
① オーストラリア
② 中国 　27
③ フランス 　28
④ 台湾

ステップ1 リード文を読み，図表[イラスト]をざっと見て，状況を理解する
問1の解説参照。

ステップ2 設問文を読んで，読み取るべき情報をチェックする
27 　28 は「私」のプレゼンテーションの中にあるので，その部分をチェックする。

> People from 27 stay just over half the time in Japan compared to people from 28 , but spend slightly more money on entertainment.

「滞在期間」と「娯楽への出費」について比較されていることがわかる。

ステップ3 本文を読み，該当箇所でストップして設問を解く
まず，滞在期間について見よう。

> People from ⬚27⬚ stay just over half the time in Japan compared to people from ⬚28⬚ ...
>
> 「⬚27⬚ から来る人は ⬚28⬚ から来る人に比べて日本に滞在する時間は半分を超える程度に過ぎません…」

ここでグラフ（*Figure 1.* Length of stay in Japan.）を見て，一方が他方の半分をわずかに超える組み合わせを探すと，

27	28
China　(9.7)	France　(18.4)
Taiwan (6.8)	Australia (13.3)

以上の2組である。

次に，娯楽への出費を見てみよう。

> ... spend slightly more money on entertainment.
>
> 「…娯楽への出費はわずかに多くなっています。」

先ほどの1・2組目に含まれる4か国について，娯楽への出費を比較してみると，

Average Amount of Money Spent While Visiting Japan

Visitors by country/region	Food	Entertainment	Shopping
Australia	58,878	16,171	32,688
China	39,984	7,998	112,104
France	56,933	7,358	32,472
Germany	47,536	5,974	25,250
Hong Kong	36,887	5,063	50,287
Taiwan	28,190	5,059	45,441
UK	56,050	8,341	22,641

(yen per person)

以下のようになった。

27	28
China　(7,998)　＞　France　(7,358)	
Taiwan (5,059)　＜　Australia (16,171)	

台湾は娯楽への出費が全体の中で最も少ないので，すぐに除外できる。

よって，正解は 27 ②中国／ 28 ③フランスとなる。

問5 29 に最適な組み合わせはどれか。

A：日本のウィンタースポーツに対するオーストラリア人の予算

B：東京への海外からの訪問者数の将来の変化

C：北海道を訪れる外国人に人気の食べ物

D：日本でアジア人観光客が将来何にお金を使うか

① A, B   ④ B, C
② A, C   ⑤ B, D
③ A, D   ⑥ C, D

ステップ1 リード文を読み，図表[イラスト]をざっと見て，状況を理解する

問1の解説参照。

ステップ2 設問文を読んで，読み取るべき情報をチェックする

　ここでは， 29 をプレゼンテーションのドラフトの中でチェックする。すると， 29 は **Themes for Future Research** 「将来の研究テーマ」なので，それについての記述を探す。

ステップ3 本文を読み，該当箇所でストップして設問を解く

　まず，ハンナのメッセージの中から「将来」についての記述を探すと，最終段落に

However, I've heard that visitors from Asia are now becoming interested in doing some other things instead of shopping. We may see some changes in this kind of data in the near **future**!

「しかし，アジアからの訪問者は，今では買い物ではなく，何か他のことをすることに興味を持つようになっていると聞いています。近い将来，この種のデータに変化が生じるのを見ることになるかもしれません！」

　この内容は**D**：日本でアジア人観光客が将来何にお金を使うかに該当する。

　次に，リックのメッセージの中から「将来」についての記述を探すと，第3段落に

第4問

Also, the other day, on Japanese TV, I saw a program about <u>Australian people enjoying winter sports</u> in Hokkaido. I wonder how much they spend. I'll look for more information. If you find any, please let me know. This could be good for a **future** project.

「また，先日，日本のテレビで，北海道でウィンタースポーツを楽しんでいる<u>オーストラリア人</u>についての番組を見ました。彼らはお金をいくら使っているのでしょうね。さらに情報を探すつもりです。何か見つけたら，私に知らせてください。これは将来のプロジェクトに役立つ可能性があります。」

この内容は**A：日本のウィンタースポーツに対するオーストラリア人の予算**に該当する。

よって，正解は③**A，D**となる。

着眼点

・リード文や資料（グラフ・図表）のタイトルには必ず目を通すこと。一見遠回りに見えて，実は大幅な時間短縮が可能になる。

・数値が問われている場合，特に複数の資料の数値を合わせて検討する必要がある場合，頭の中で処理しようとせず，メモを取るようにしよう。

・2つのメッセージ（手紙・メール）やブログ記事がある場合，その両者の関係をしっかりと確認する。後者が前者への返信という場合の他，今回の問題のように，両者が同じ人物へのメッセージという場合もある。記事が2つある場合は，共通点と相違点をチェックしよう。

リード文

- [ ] presentation
  名 プレゼン（テーション），発表
- [ ] tourism 名 観光業
- [ ] visitor 名 訪問者
- [ ] based on 〜 〜に基づいて
- [ ] response 名 返答，応答
- [ ] draft 名/動 下書き（を作成する）
- [ ] outline 名 概要

データ

- [ ] region 名 地域
- [ ] length 名 長さ
- [ ] table 名 表
- [ ] amount 名 （金）額
- [ ] entertainment 名 娯楽
- [ ] per 前 〜につき

メール

- [ ] international 形 国際的な，海外の
- [ ] previously 副 以前に
- [ ] pay attention to 〜
  〜に注意［注目］する
- [ ] assume 動 考える，想定する
- [ ] back and forth
  行ったり来たり，往復して
- [ ] spend A on B B のために A を費やす
- [ ] compared to 〜 〜と比べて
- [ ] guess 動 推測する
- [ ] gift-giving 名 贈り物（をすること）
- [ ] tourist 名 旅行者，観光客
- [ ] accommodation 名 宿泊施設
- [ ] instead of 〜 〜の代わりに
- [ ] prepare for 〜 〜の準備をする
- [ ] present 動 プレゼン［発表］をする
- [ ] the other day 先日
- [ ] in addition その上，さらに
- [ ] agree with 〜 〜に賛成する
- [ ] depending on 〜 〜次第で
- [ ] in relation to 〜 〜に関して
- [ ] spending habit
  消費動向，お金の使い方

プレゼンテーションの下書き

- [ ] presenter 名 発表者
- [ ] comparison 名 比較
- [ ] slightly 副 わずかに，かすかに
- [ ] theme 名 テーマ，主題

設問

- [ ] budget 名 予算
- [ ] activity 名 活動
- [ ] various 形 さまざまな
- [ ] experience 名 経験，体験
- [ ] suggestion 名 提案
- [ ] combination 名 組み合わせ

Tim and his team have been asked by their boss, Elena, to decide the opening hours for the new mall in Portsmith. You're reading the e-mail exchanges between Tim and Elena.

Hi Elena,

The team and I have some ideas for setting the opening hours of the shops and other facilities such as the food court, dining restaurants, and the movie theater. The operating hours will depend on the day of the week, the number of customers, and other factors.

First, let's start with the shop hours. We think that the best time for shops to open and close on Mondays through Thursdays is 10 am to 9 pm. These are workdays, so traffic is lower, and these are the hours that are practical for most of our weekday customers, who will either come after work or school, or during the day if they're not working.

There is heavy traffic every Friday to Sunday, and this affects our ideas. We think the ideal hours on Fridays are 10 am to 10 pm and 9 am to 10 pm on Saturdays. Our data shows that lots of weekend customers want to get an early start on shopping, so we think 9 am is also a good opening time on Sundays. However, Sunday is the day before the start of the work week, so we think an early closing time of 6 pm is best.

As for the other facilities, we propose making the food court hours the same as those for the shops. Since the four dining restaurants have lunch and dinner service, they will be open from 11 am to 11 pm, so that diners can enjoy a late meal if they choose.

Below, we have proposed a movie theater timetable for Portsmith largely modeled after Glenville's movie times.

So these are our suggestions. We would appreciate any feedback, questions, or suggestions you may have.

Regards,
Tim

Attached Portsmith movie theater schedule proposal:

Proposed Portsmith Shopping Center Theater Timetable

Day	Show Times				
Mon -Thu	11:00 a.m.	2:30 p.m.	6:00 p.m.		
Fri	11:00 a.m.	1:30 p.m.	4:00 p.m.	6:30 p.m.	9:00 p.m.
Sat	10:00 a.m.	1:30 p.m.	4:00 p.m.	6:30 p.m.	9:00 p.m.
Sun	10:00 a.m.	1:30 p.m.	4:00 p.m.		

Hi Tim,

Thank you for your proposal. You and your team's hard work is appreciated. While I agree with your proposal, I have some comments and suggestions.

For the Monday through Thursday weekday hours, I suggest a closing time of 8 pm, rather than 9 pm. Traffic info from Glenville Square Shopping Center suggests there is a good number of customers who shop after 9 pm. However, Portsmith is a smaller town than Glenville and many people who work here don't live here.

Another change I would suggest is shortening Sunday hours by opening shops at 11 am instead of 9 am, with the food court opening an hour later at noon. The shops and dining restaurants can close at 6 pm and 9 pm respectively. These days, the local government is insisting on shortening business hours on Sundays to reduce the work hours of store workers and to encourage people to spend more time with their families, indoors or outdoors. However, I don't really see a problem with a movie starting from 10 am or so on Sundays.

Finally, I agree that it is a good idea to keep the dining restaurants open until 11 pm (except for Sunday, of course). At Glenville the latest movie starts at 8:30 pm. This means customers can still catch a meal after the movie finishes.

Look at the attachment. You can see how many people go to our shopping center in Glenville in the latter part of the week.

Please make a schedule and we'll check it at the meeting on Monday.

Regards,
Elena

Number of visitors to Glenville Square

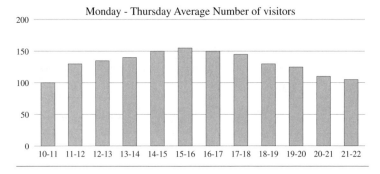

Monday - Thursday Average Number of visitors

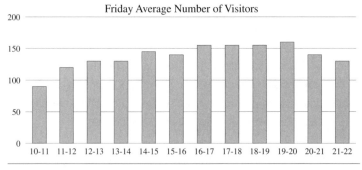

Friday Average Number of Visitors

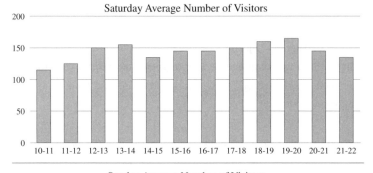

Saturday Average Number of Visitors

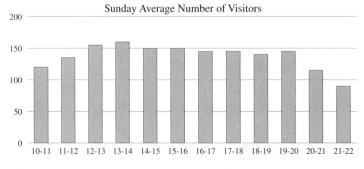

Sunday Average Number of Visitors

問1　The team's proposal suggests that the dining restaurants close at ⬚24⬚ every night while the food court closes at ⬚25⬚ on Mondays through Thursdays.

① 6 pm　　② 7 pm　　③ 8 pm
④ 9 pm　　⑤ 10 pm　　⑥ 11 pm

問2　The team wants to keep the dining restaurants open until later because ⬚26⬚.
① the city wants to promote business
② some customers like to eat dinner later
③ there are few dining options in Portsmith
④ people want to eat dinner after a movie

問3　The day with the lowest number of visitors to Glenville Square in the morning is ⬚27⬚.
① Thursday
② Friday
③ Saturday
④ Sunday

問4　Which best completes the Sunday schedule suggested by Elena? ⬚28⬚

A：The dining restaurants close.　　B：The shops open.
C：The last movie show starts.　　D：The food court opens.

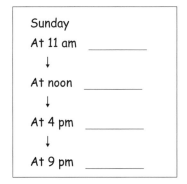

① D→B→A→C
② B→D→A→C
③ D→B→C→A
④ B→D→C→A

問5 The city is <u>not</u> encouraging people to 29 .

① do more outdoor activities

② spend more time with family

③ shop more on Sundays

④ work shorter hours

解答 問1 | 24 | ⑥ | 25 | ④ | 問2 ② 問3 ②
問4 ④ 問5 ③

英文訳

ティムと彼のチームは上司のエレナから，ポートスミスに新しくできるモールの営業時間を決めるように頼まれました。あなたが読んでいるのは，ティムとエレナの間のメールのやり取りです。

こんにちは，エレナさん。

　チームと私は，店舗と，フードコート，ダイニングレストラン，映画館などの他の施設の営業時間を設定する上でいくつか考えがあります。営業時間は，曜日や客数，その他の要因によって決まることになるでしょう。

　まず，店舗の営業時間についてです。店舗の最適な開店・閉店時刻は，月曜日から木曜日までは午前10時から午後9時までだと考えています。これらの日は平日なので人の往来は少なく，平日に当店を訪れるお客さまは仕事や学校の後に来店され，仕事をしていない場合は日中に来店されますので，これは大半のお客さまにとって実際的な時間でしょう。

　毎週金曜日から日曜日にかけては人の往来が多く，このことは私たちの考えにも影響します。金曜日は午前10時から午後10時まで，土曜日は午前9時から午後10時までが理想的な時間帯だと考えています。データによると，週末に来店される多くのお客さまが早い時間に買い物を開始したいと考えているようなので，日曜日も午前9時が良い開店時刻だと考えています。ただし，日曜日は1週間の労働が始まる前の日なので，閉店時刻は早めの午後6時がベストだと考えています。

　その他の施設に関しては，フードコートの営業時間を店舗と同じにすることを提案します。4つのダイニングレストランはランチとディナーを出しているので，食事をするお客様が希望すれば遅めの夕食を楽しめるよう，午前11時から午後11時まで営業することにします。

以下にて，大部分をグレンビルの上映時間をもとに作った，ポートスミスの映画館の上映スケジュールを提案いたします。

以上が私たちの提案です。ご意見，ご質問，ご提案をいただければ幸いです。

よろしくお願いします。
ティム

添付　ポートスミスの映画館のスケジュールに関する提案
ポートスミス・ショッピングセンター映画館上映スケジュール案

曜日	上映時刻				
月曜日～木曜日	午前11時	午後2時30分	午後6時		
金曜日	午前11時	午後1時30分	午後4時	午後6時30分	午後9時
土曜日	午前10時	午後1時30分	午後4時	午後6時30分	午後9時
日曜日	午前10時	午後1時30分	午後4時		

こんにちは，ティム。

ご提案をありがとうございます。あなたとチームの熱心な仕事ぶりに感謝します。あなたの提案には賛成ですが，私からいくつかのコメントと提案があります。

月曜日から木曜日までの平日の営業時間については，閉店時刻を午後9時ではなく午後8時にすることを提案します。グレンビル・スクエア・ショッピングセンターの人の往来に関する情報によると，午後9時以降に買い物をするお客さんがかなりいるようです。しかし，ポートスミスはグレンビルよりも規模が小さな町で，ここで働く人の多くはここに住んでいません。

もう1つ私が提案したい変更点は，日曜日に店舗は午前9時ではなく午前11時に開店し，フードコートは1時間後の正午に開店することで営業時間を短くすることです。店舗とダイニングレストランはそれぞれ午後6時，午後9時に閉店することができます。最近では，店員の労働時間を減らして屋内外で家族と過ごす時間を増やすよう促進するため，日曜日の営業時間を短縮することを地元自治体が強く求めています。しかし，日曜日の映画の開始時刻は午前10時ぐらいで特に問題なさそうですね。

最後に，ダイニングレストランの営業を午後11時までにしておくのは（もちろん日曜日を除いてですが）良い考えで賛成です。グレンビルでは最も遅い映画が始まるのが午後8時30分です。つまり，お客様は映画を見た後でもまだ食事をとれるということです。

　添付ファイルを見てください。グレンビルにある私たちのショッピングセンターに，週の後半にどれだけの人が行っているかがわかると思います。

　スケジュールを作成してください。月曜日の会議で確認しましょう。

よろしくお願いします。
エレナ

解説

問1　チームの提案によれば，ダイニングレストランは毎晩　24　に閉店し，フードコートは月曜日から木曜日まで　25　に閉店することになる。

① 午後6時　　　② 午後7時　　　③ 午後8時
④ 午後9時　25　⑤ 午後10時　　⑥ 午後11時　24

ステップ1　リード文を読み，図表[イラスト]をざっと見て，状況を理解する

以下のリード文を読む。

Tim and his team have been asked by their boss, Elena, to decide the opening hours for the new mall in Portsmith. You're reading the e-mail exchanges between Tim and Elena.

「ティムと彼のチームは上司のエレナから，ポートスミスに新しくできるモールの営業時間を決めるように頼まれました。あなたが読んでいるのは，ティムとエレナの間のメールのやり取りです。」

ここからわかることは，

☐ 新しいショッピングモールの営業時間がテーマ

☐ 上司と部下チームのやり取り

という点。

　1つめのメッセージがHi Elena, で始まっているので，こちらは〈部下⇒上司〉のメール，2つめのメッセージが〈上司⇒部下〉のメールとわかる。

続いて，資料をチェックする。

1つめのメッセージの後にあるのは，ポートスミス・ショッピングセンターの映画館上映スケジュール。2つめのメッセージの後にあるのは，グレンビル・スクエアの曜日ごとの訪問者数。

ステップ2 設問文を読んで，読み取るべき情報をチェックする

設問文には，The team's proposal suggests that ... 「チームの提案によれば，…」とある。The team はリード文にある Tim and his team のことなので，1つめのティムのメッセージから必要な情報を探す。

必要な情報は以下の2点。

❶レストランの閉店時刻

❷月～木曜日のフードコートの閉店時刻

ステップ3 本文を読み，該当箇所でストップして設問を解く

まず，❶については，1つめのメッセージの第4段落第2文に Since the four dining restaurants have lunch and dinner service, they will be open from 11 am to 11 pm, so that diners can enjoy a late meal if they choose. 「4つのダイニングレストランはランチとディナーを出しているので，食事をするお客様が希望すれば遅めの夕食を楽しめるよう，午前11時から午後11時まで営業することにします。」とある。

次に，❷については，第4段落第1文に As for the other facilities, we propose making the food court hours the same as those for the shops. 「その他の施設に関しては，フードコートの営業時間を店舗と同じにすることを提案します。」とあり，フードコートの営業時間は店舗と同じであることがわかる。そこで第2段落第2文を見ると，We think that the best time for shops to open and close on Mondays through Thursdays is 10 am to 9 pm. 「店舗の最適な開店・閉店時刻は，月曜日から木曜日までは午前10時から午後9時までだと考えています。」とある。

よって，正解は　24　⑥午後11時，　25　④午後9時となる。

第4問

問2 チームがダイニングレストランを遅くまで営業したいと考えているのは，　26　からである。

① 市がビジネスを促進したいと考えている

② 客の中には，夕食を遅い時間に食べたい人もいる

③ ポートスミスには，食事をする場所の選択肢が少ない

④ 人々は映画を見た後に夕食を食べたいと思っている

リード文を読み，図表[イラスト]をざっと見て，状況を理解する

問1の解説参照。

設問文を読んで，読み取るべき情報をチェックする

チームがダイニングレストランを遅くまで営業したいと考えている理由が問われているので，1つめのメッセージの中からダイニングレストランの営業時間について書いている部分を探す。

本文を読み，該当箇所でストップして設問を解く

1つめのメッセージの第4段落第2文にはSince the four dining restaurants have lunch and dinner service, they will be open from 11 am to 11 pm, so that diners can enjoy a late meal if they choose.「4つのダイニングレストランはランチとディナーを出しているので，食事をするお客様が希望すれば遅めの夕食を楽しめるよう，午前11時から午後11時まで営業することにします。」とある。so that S can Vは「SがVできるように」という【目的】を表すので，これが理由にあたる部分と考える。

よって，正解は②客の中には，夕食を遅い時間に食べたい人もいるとなる。

問3 グレンビル・スクエアへの午前中の来店者数が最も少ない日は $\boxed{27}$ である。
① 木曜日
② 金曜日
③ 土曜日
④ 日曜日

リード文を読み，図表[イラスト]をざっと見て，状況を理解する

問1の解説参照。

設問文を読んで，読み取るべき情報をチェックする

グレンビル・スクエアへの午前中の来店者数が最も少ない曜日が問われている。グラフから情報を探す。

本文を読み，該当箇所でストップして設問を解く

午前中の来店者数が問われているので，各グラフ横軸の左端，10-11および11-12の2か所の人数を足す。なお，以下の数値はおよその人数。
・木曜日⇒「月曜日〜木曜日」を表示している1つめのグラフを見る。10-11が

100人，11-12が130人，合計230人。

・金曜日⇒2つめのグラフを見る。10-11が90人，11-12が120人，合計210人。
・土曜日⇒3つめのグラフを見る。10-11が115人，11-12が125人，合計240人。
・日曜日⇒4つめのグラフを見る。10-11が120人，11-12が135人，合計255人。
以上により，最も少ないのは金曜日なので，正解は②金曜日となる。

問4 エレナが提案した日曜日のスケジュールを最もよく完成させるのはどれか。
28

A：ダイニングレストランの閉店　　　B：店舗の開店
C：最終の映画上映の開始　　　　　　D：フードコートの開店

```
日曜日
午前11時　_____
   ↓
 正午　　　_____
   ↓
午後4時　_____
   ↓
午後9時　_____
```

① D→B→A→C
② B→D→A→C
③ D→B→C→A
④ B→D→C→A

ステップ1 リード文を読み，図表［イラスト］をざっと見て，状況を理解する
問1の解説参照。

ステップ2 設問文を読んで，読み取るべき情報をチェックする
エレナが提案した日曜日のスケジュールとあるので，2つめのメッセージから
A～Dそれぞれについての時間の記述を探す。

ステップ3 本文を読み，該当箇所でストップして設問を解く

A：ダイニングレストランの閉店
　　⇒2つめのメッセージ第3段落第2文より，ダイニングレストランの閉店
　　　時間は午後9時。

B：店舗の開店
　　⇒同第3段落第1文より，店舗の開店時間は午前11時。

C：最終の映画上映の開始
　　⇒ポートスミス・ショッピングセンター映画館上映スケジュール案より，
　　　日曜日の最終の上映開始時間は午後4時。

D：フードコートの開店
　　⇒2つめのメッセージ第3段落第1文より，フードコートの開店時間は正午。

以上により，正解は④ **B→D→C→A** となる。

問5 市は人々に 29 ことを奨励して<u>いない</u>。

① 屋外での活動を増やす
② 家族と過ごす時間を増やす
③ 日曜日にもっと買い物をする
④ 働く時間を短くする

ステップ1 リード文を読み，図表[イラスト]をざっと見て，状況を理解する

問1の解説参照。

ステップ2 設問文を読んで，読み取るべき情報をチェックする

Not問題（「～しない」「～ではない」ものを選ばせる問題）なので，基本的に消去法で解く。The cityにあたる表現を本文から探す。

ステップ3 本文を読み，該当箇所でストップして設問を解く

The cityという語句はないが，これに相当するものとして，2つめのメッセージ第3段落第3文にthe local government「地元自治体」がある。

> ..., the local government is insisting on ④shortening business hours on Sundays to reduce the work hours of store workers and to encourage people to ②spend more time with their families, indoors or ①outdoors.
> 「…店員の労働時間を減らして屋内外で家族と過ごす時間を増やすよう促進するため，日曜日の営業時間を短縮することを地元自治体が強く求めています。」

下線を引いた部分がそれぞれ選択肢④・②・①に該当する。よって，正解は③日曜日にもっと買い物をするとなる。

 着眼点

　１つめのメッセージで曜日ごとの開店および閉店時刻が施設ごとに示され，さらに２つめのメッセージでいくつかが修正されるという，複雑な問題。情報量が多く，頭の中で整理するのは不可能なので，メモを取りながら進める必要がある。

語句

リード文

□ boss 名 上司
□ mall 名 ショッピングモール［複合型大規模商業施設］

□ exchange 名 交換，やり取り

本文

□ set 動 決める，設定する
□ facility 名 施設
□ dining 名 食事
□ operate 動 営業する，稼働する
□ depend on ～
　　～次第だ，～によって決まる
□ customer 名 客
□ factor 名 要因
□ workday 名 仕事日，平日
□ traffic 名 交通量，人の往来
□ practical 形 実際的な，現実的な
□ weekday 名 平日
□ affect 動 影響する
□ ideal 形 理想的な
□ as for ～ 　～に関しては
□ propose 動 提案する
□ choose 動 選択する
□ below 副 以下に，下記に
□ movie theater 　映画館

□ timetable 名 予定表，スケジュール表
□ largely 副 主に，大部分は
□ model *A* after *B*
　　*B*にならって［を手本にして］*A*を作る
□ suggestion 名 提案
□ appreciate 動 感謝する
□ feedback 名 感想，意見
□ attach 動 添付する
□ proposal 名 提案
□ agree with ～ 　～に賛成する
□ comment 名 意見，コメント
□ rather than ～ 　～よりむしろ
□ a good number of ～
　　かなり多数の～
□ shorten 動 短縮する
□ instead of ～
　　～の代わりに，～ではなくて
□ these days 　最近，この頃
□ local government 　地方自治体

- □ insist on 〜
  〜を主張する，〜を強く求める
- □ business hours　営業時間
- □ reduce 動 減らす
- □ encourage 動 促進する，奨励する
- □ indoors 副 屋内で
- □ outdoors 副 屋外で
- □ attachment 名 添付ファイル

設問
- □ option 名 選択肢
- □ complete 動 完成させる
- □ activity 名 活動

高得点獲得への道 Vol. 7 ▶ 環境，科学技術

　環境問題，科学技術などに関する語彙。生態系のバランス，ゴミやエネルギー，気候変動や自然災害など，環境に関するテーマ，科学技術の発展やそれに貢献した人物の紹介などのテーマを扱う英文の出題が予想される。

特に出題が予想される大問 ⇨ 第2問・第5問・第6問

- □ garbage 名 ゴミ
- □ threat 名 脅威
- □ measure 名 対策，措置
- □ extinct 形 絶滅して
- □ impact 名 影響
- □ affect 動 影響を及ぼす
- □ regulate 動 規制する
- □ wipe out 〜　〜を絶滅させる
- □ die out　絶滅する
- □ species 名 種(しゅ)
- □ ecosystem 名 生態系
- □ eliminate 動 除去する
- □ phenomenon 名 現象
- □ potential 形 潜在的な
- □ crisis 名 危機
- □ shortage 名 不足
- □ long-term 形 長期的な
- □ guideline 名 方針
- □ monitor 動 監視する
- □ lasting 形 永続的な
- □ revolutionary 形 革新的な
- □ introduction 名 導入
- □ electronic 形 電子の
- □ evidence 名 証拠
- □ reusable 形 再利用可能な
- □ single-use 形 使い捨ての
- □ confirm 動 裏付ける，立証する

第5問

伝記or物語文＋プレゼン用メモ

設問数	5 問
配点	15 点
解答時間	約 12 ～ 14 分
英文語数	約 620 ～ 710 語

GUIDANCE 伝記や物語文の後に，それに基づくプレゼンテーションを行うための
メモが示され，このメモの中の空欄を埋める設問が中心となる。時系列に沿って出
来事を並べる問題が特徴的で，本文と並行して処理する必要がある。

例 題

Using an international news report, you are going to take part in an English oral presentation contest. Read the following news story from France in preparation for your talk.

Five years ago, Mrs. Sabine Rouas lost her horse. She had spent 20 years with the horse before he died of old age. At that time, she felt that she could never own another horse. Out of loneliness, she spent hours watching cows on a nearby milk farm. Then, one day, she asked the farmer if she could help look after them.

The farmer agreed, and Sabine started work. She quickly developed a friendship with one of the cows. As the cow was pregnant, she spent more time with it than with the others. After the cow's baby was born, the baby started following Sabine around. Unfortunately, the farmer wasn't interested in keeping a bull—a male cow—on a milk farm. The farmer planned to sell the baby bull, which he called Three-oh-nine (309), to a meat market. Sabine decided she wasn't going to let that happen, so she asked the farmer if she could buy him and his mother. The farmer agreed, and she bought them. Sabine then started taking 309 for walks to town. About nine months later, when at last she had permission to move the animals, they moved to Sabine's farm.

Soon after, Sabine was offered a pony. At first, she wasn't sure if she wanted to have him, but the memory of her horse was no longer painful, so she accepted the pony and named him Leon. She then decided to return to her old hobby and started training him for show jumping. Three-oh-nine, who she had renamed Aston, spent most of his time with Leon, and the two became really close friends. However, Sabine had not expected Aston to pay close attention to her training routine with Leon, nor had she expected Aston to pick up some tricks. The young bull quickly mastered walking, galloping, stopping, going backwards, and turning around on command. He responded to Sabine's voice just like a horse. And despite weighing 1,300 kg, it took him just 18 months to learn how to leap over one-meter-high horse jumps with Sabine on his back. Aston might never have learned those things without having watched Leon. Moreover, Aston understood distance and could adjust his steps before a jump. He also noticed his faults and corrected them without any help from Sabine. That's something only the very best Olympic-standard horses can do.

Now Sabine and Aston go to weekend fairs and horse shows around Europe to show off his skills. Sabine says, "We get a good reaction. Mostly, people are really surprised, and at first, they can be a bit scared because he's big—much bigger than a horse. Most people don't like to get too close to bulls with horns. But once they see his real nature, and see him performing, they often say, 'Oh he's really quite beautiful.'"

"Look!" And Sabine shows a photo of Aston on her smartphone. She then continues, "When Aston was very young, I used to take him out for walks on a lead, like a dog, so that he would get used to humans. Maybe that's why he doesn't mind people. Because he is so calm, children, in particular, really like watching him and getting a chance to be close to him."

Over the last few years, news of the massive show-jumping bull has spread rapidly; now, Aston is a major attraction with a growing number of online followers. Aston and Sabine sometimes need to travel 200 or 300 kilometers away from home, which means they have to stay overnight. Aston has to sleep in a horse box, which isn't really big enough for him.

"He doesn't like it. I have to sleep with him in the box," says Sabine. "But you know, when he wakes up and changes position, he is very careful not to crush me. He really is very gentle. He sometimes gets lonely, and he doesn't like being away from Leon for too long; but other than that, he's very happy."

Your Presentation Slides

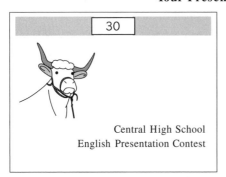

30

Central High School
English Presentation Contest

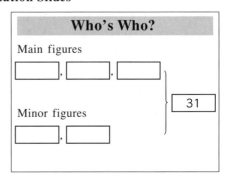

Who's Who?

Main figures

☐ , ☐ , ☐

Minor figures

☐ , ☐

} 31

Pre-fame Storyline

Sabine's horse dies.
↓
32
↓
33
↓
34
↓
35
↓
Aston and Sabine start going to shows.

Aston's Abilities

Aston can:

- learn by simply watching Leon's training.
- walk, gallop, and stop when Sabine tells him to.
- understand distance and adjust his steps.
- 36 .
- 37 .

Aston Now

Aston today:

- is a show-jumping bull.
- travels to fairs and events with Sabine.
- 38 .

問1　Which is the best title for your presentation?　30
- ① Animal-lover Saves the Life of a Pony
- ② Aston's Summer Show-jumping Tour
- ③ Meet Aston, the Bull who Behaves Like a Horse
- ④ The Relationship Between a Farmer and a Cow

問2 Which is the best combination for the **Who's Who?** slide? [31]

	Main figures	Minor figures
①	309, Aston, the farmer	Sabine, the pony
②	Aston, Aston's mother, Sabine	309, the farmer
③	Aston, Leon, the farmer	Aston's mother, Sabine
④	Aston, Sabine, the pony	Aston's mother, the farmer

問3 Choose the four events in the order they happened to complete the **Pre-fame Storyline** slide. [32] ～ [35]

① Aston learns to jump.

② Sabine and Aston travel hundreds of kilometers together.

③ Sabine buys 309 and his mother.

④ Sabine goes to work on her neighbor's farm.

⑤ Sabine takes 309 for walks.

問4 Choose the two best items for the **Aston's Abilities** slide. (The order does not matter.) [36] · [37]

① correct his mistakes by himself

② jump side-by-side with the pony

③ jump with a rider on his back

④ pick up tricks faster than a horse

⑤ pose for photographs

問5 Complete the **Aston Now** slide with the most appropriate item. [38]

① has an increasing number of fans

② has made Sabine very wealthy

③ is so famous that he no longer frightens people

④ spends most nights of the year in a horse trailer

第5問

例題 | 161 |

例題の解答・解説

問題の解き方

ステップ1　リード文を読み，資料をざっと見て，状況を理解する

　リード文（状況などを説明している最初の文）を丁寧に読む。また，**資料やイラストにも軽く目を通して主題をつかむ。**

▶状況設定やテーマがわかるので，この後の英文をスムーズに理解できるようになる。

ステップ2　設問文を読んで，読み取るべき情報をチェックする

　設問文を読む（誤った情報が頭に残ってしまう可能性があるので，**原則として選択肢は読まない。**ただし，設問文の情報が少ない場合は選択肢に軽く目を通す）。

▶**本文および資料から読み取るべき情報**が明確になる。

ステップ3　本文を読み，該当箇所でストップして設問を解く

　本文を読み進め，必要な情報を発見したらいったんストップして設問を解く。必要に応じて資料を参照する。

▶通読して内容を把握するというより，**情報を検索するような読み方**をするのがポイント。

解答　問1　③　　問2　④　　問3　④→③→⑤→①
　　　　問4　①・③　　問5　①

英文訳

国際的なニュース記事を使って，あなたは英語の口頭プレゼンテーションのコンテストに参加します。スピーチに備えて，フランスからの以下のニュース記事を読みなさい。

　5年前，サビーヌ・ルアスは自分の馬を失いました。彼女は，その馬が老衰で亡くなるまで20年間を共に過ごしました。その時，彼女はもう別の馬を飼うことはできないと思いました。寂しさのあまり，彼女は近くの牧場で牛を見ながら何時間も過ごしていました。そしてある日，農場主に，牛の世話の手伝いをさせてくれないか

と尋ねました。

　その農場主は承諾し，サビーヌは仕事を始めました。彼女はすぐに一頭の牛と友情を育みました。その牛は妊娠していたので，サビーヌは他の牛よりもその牛と長い時間をともに過ごしました。その牛の赤ちゃんが生まれた後，赤ちゃんはサビーヌの後をついて回るようになりました。残念ながら，農場主は雄牛，つまりオスの牛を酪農場で飼うことに興味がありませんでした。農場主は，「スリー・オー・ナイン（309）」と名付けたその雄牛の赤ちゃんを食肉市場に売ることを計画していました。サビーヌは，そんなことはさせないと決心し，その雄牛と母牛を売ってもらえないかと農場主に尋ねました。農場主はこれに同意し，彼女は二頭の牛を買いとりました。その後，サビーヌは309を連れて街へ散歩に出かけるようになりました。約9か月後，ようやく動物たちを移動させる許可が下りたので，牛たちはサビーヌの牧場に引っ越しました。

　その後すぐに，サビーヌは一頭のポニーを譲り受けました。最初は自分が飼いたいのかどうかはっきりしなかったのですが，彼女の馬の記憶がもうつらくなくなっていたので，ポニーを譲り受け，レオンと名付けました。そして，以前の趣味を再開しようと決め，ショー用のジャンプの訓練を開始しました。彼女がアストンと名前を付け直した309は，ほとんどの時間をレオンと一緒に過ごし，二頭は本当に仲良しになりました。しかし，サビーヌは，アストンがレオンとの日課の訓練に細心の注意を払うとは予想していませんでしたし，アストンがいくつかの芸を覚えるとも予想していませんでした。その若い雄牛はすぐに，命令を受けて歩く，駆ける，止まる，後退する，回転するなどをマスターしました。サビーヌの声に馬のように反応しました。また，体重が1,300 kgもあるにもかかわらず，サビーヌを背に乗せて1 mの高さの馬用の障害物を飛び越えられるようになるまで，わずか18か月しか要しませんでした。レオンを観察していなければ，アストンはそれらの芸を身につけることはなかったかもしれません。さらに，アストンは距離を把握し，ジャンプの前に歩幅を調整することができました。また，サビーヌの助けを借りずに，自分の欠点に気づいて修正しました。これは，オリンピック水準のまさに最高の馬にしかできないことです。

　今では，サビーヌとアストンは，その技を見せるために，ヨーロッパ各地で開催される週末のフェアや馬のショーに出ています。サビーヌは，「反応はいいです。たいてい，人々は本当に驚き，最初は少し怖がっていることもあります。彼は大きいですから…馬よりもはるかに。ほとんどの人は，角のある雄牛にはあまり近づきたがりません。しかし，人々がいったん彼の実際の性格がわかり，彼が芸をするのを見ると，『ああ，彼は本当に素晴らしい』と言ってくれることが多いのです。」と言います。

「ご覧ください！」と，サビーヌはスマートフォン上でアストンの写真を見せてくれます。彼女はさらに，「アストンが幼い頃は，人間に慣れるように，犬のようにリードをつけて散歩に連れ出していました。そのせいか，彼は人を嫌がりません。彼はとても穏やかなので，特に子供たちは，彼を見たり，接近するチャンスがあるととても喜びます。」と続けます。

ここ数年で，ジャンプの芸ができる大きな雄牛のニュースはあっという間に広まり，今では，アストンはネット上でますます多くのフォロワーを持つ主要な呼び物となっています。アストンとサビーヌは，時には家から200〜300 km離れた場所まで移動する必要があり，それは一泊しなければならないことを意味します。アストンは馬小屋で寝ることになりますが，彼にとって実際には十分な広さではありません。

「彼はそれを嫌がっています。私は彼と一緒に馬小屋の中で寝なければなりません。」とサビーヌは言います。「でもね，彼が目を覚まして体勢を変えるときは，私を押しつぶさないようにとても気をつけてくれるのです。彼は本当にとても優しいのです。彼は時々寂しがり，あまりに長い間レオンと離ればなれになるのを嫌がります。でも，それ以外はとても幸せなんです。」

プレゼンテーション用スライド

30
セントラル高校
英語プレゼンテーションコンテスト

登場人物リスト
主役 ⎫
脇役 ⎭ 31

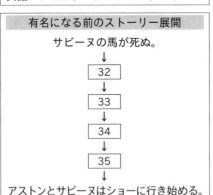

有名になる前のストーリー展開
サビーヌの馬が死ぬ。
↓
32
↓
33
↓
34
↓
35
↓
アストンとサビーヌはショーに行き始める。

アストンの能力
アストンは以下のことができる：
・レオンの訓練を観察するだけで学習する。
・サビーヌから命令されたら，歩き，駆け，立ち止まる。
・距離を把握し，歩幅を調整する。
・ 36 。
・ 37 。

アストンの今
今日のアストンは:
・ショー用のジャンプをする雄牛である。
・サビーヌと一緒にフェアやイベントに出かける。
・ 38 。

問 1 あなたのプレゼンテーションに最適なタイトルはどれか。 30

① 動物愛好家がポニーの命を救う

② アストンによる夏のジャンプショーツアー

③ 馬のように振る舞う雄牛・アストンに会おう

④ 農場主と雌牛の関係

ステップ 1 リード文を読み,資料をざっと見て,状況を理解する

以下のリード文を読む。

Using an international news report, you are going to take part in an English oral presentation contest. Read the following news story from France in preparation for your talk.

「国際的なニュース記事を使って,あなたは英語の口頭プレゼンテーションのコンテストに参加します。スピーチに備えて,フランスからの以下のニュース記事を読みなさい。」

また,資料のタイトルには Your Presentation Slides「プレゼンテーション用スライド」とある。

以上から,

□ **英文は海外のニュース記事である**

□ **このニュース記事を題材にプレゼンテーションを行う**

□ **スライドの中に多くの空欄があるので,本文(ニュース記事)と照らし合わせながら埋めていくことになりそう**

ということがわかった。

ステップ 2 設問文を読んで,読み取るべき情報をチェックする

タイトルを選ぶ問題。

タイトルとしてふさわしいのは，本文で一貫して扱われているテーマなので，手順としては最後に解くことになる。

　設問文の情報が少ないので選択肢に目を通すと，全ての選択肢に「ポニー」「雄牛」「雌牛」といった動物が出てくる（「アストン」も選択肢③より牛の名前とわかる）。

　そこで，本文で中心となる動物は何か，その動物がどんな意味を持つのか，本文から読み取ることになる。

ステップ3　本文を読み，該当箇所でストップして設問を解く

　ステップ2で述べたように，タイトルにふさわしいのは本文で一貫して扱われているテーマである。一部にしか出てこない事柄は，たとえ正しい内容でもタイトルにはならない。

　選択肢を1つずつ確認しよう。
　① 動物愛好家がポニーの命を救う
　　⇒「命を救う」というのは，食肉市場に売られそうになっていた子牛を買い取ったという第2段落後半の内容と思われるが，救われたのは子牛であってポニーではない。
　② アストンによる夏のジャンプショーツアー
　　⇒アストンがジャンプを習得したという内容は第3段落後半，ショーに出るようになったという内容は第4段落や第6段落に書かれているが，「夏」に限定するような記述はない。
　③ 馬のように振る舞う雄牛・アストンに会おう
　　⇒第1・2段落ではアストンとの出会いのきっかけ，第3段落ではアストンがポニーの訓練を見て芸を覚える過程，第4段落以降では馬のショーに出るアストンと飼い主の関係について書かれている。したがって，これがタイトルにふさわしい。
　④ 農場主と雌牛の関係
　　⇒農場主は第1・2段落にしか登場せず，「雌牛」は主人公であるアストンの母牛が第2段落に出てくるだけである。
　よって，正解は③馬のように振る舞う雄牛・アストンに会おうとなる。

問2　「登場人物」スライドに最適な組み合わせはどれか。　| 31 |

主役	脇役
① 309，アストン，農場主	サビーヌ，ポニー

② アストン，アストンの母牛，サビーヌ　　　309，農場主
③ アストン，レオン，農場主　　　　　　　　アストンの母牛，サビーヌ
④ アストン，サビーヌ，ポニー　　　　　　　アストンの母牛，農場主

ステップ1 リード文を読み，資料をざっと見て，状況を理解する

問1の解説参照。

ステップ2 設問文を読んで，読み取るべき情報をチェックする

設問文からスライドの空欄を埋めさせる問題とわかる。また，Main figures「主役」／Minor figures「脇役」とあるので（figureには「登場人物」の意味がある），本文の登場人物を2つに分ける必要がある。

選択肢は「主役」×3／「脇役」×2の組み合わせなので，
・明らかな「脇役」が「主役」に含まれる選択肢
・明らかな「主役」が「脇役」に含まれる選択肢
を除外していくという消去法が良さそうだ。

ステップ3 本文を読み，該当箇所でストップして設問を解く

登場人物のうち，the farmer「農場主」は第1・2段落のみに出てくるので「主役」とは言えない。Aston's mother「アストンの母牛」も第2段落のみなので同様。そこで，これらを「主役」の方に含めた選択肢は除外できる。

①③⇒「農場主」が主役に含まれるので不可。
②⇒「アストンの母牛」が主役に含まれるので不可。

よって，正解は④となる。

問3 「有名になる前のストーリー展開」スライドを完成させるように，起こった順に4
　　つの出来事を選択しなさい。　32　～　35
　① アストンはジャンプを覚える。
　② サビーヌとアストンは一緒に何百キロも移動する。
　③ サビーヌは309と母親を買う。
　④ サビーヌは隣人の農場へ働きに行く。
　⑤ サビーヌは309を散歩に連れて行く。

問1の解説参照。

ステップ2　設問文を読んで，読み取るべき情報をチェックする

　選択肢は5つ。4つを選ぶ問題なので，1つは使わないことになる。本文中に記述がないもの，または「有名になる前」と言えないものは使わない。

　起こった順に並べる必要があるので，各選択肢に該当する出来事を本文中で見つけたら，選択肢の番号を書き込んでおこう。

ステップ3　本文を読み，該当箇所でストップして設問を解く

　1つずつ選択肢をチェックしよう。

① アストンはジャンプを覚える。
　　⇒第3段落第8文。
② サビーヌとアストンは一緒に何百キロも移動する。
　　⇒第6段落第2文にあるが，これは有名になった（同段落第1文）後の出来事なので，この選択肢は使わないことになる。
③ サビーヌは309と母親を買う。
　　⇒第2段落第7〜8文。
④ サビーヌは隣人の農場へ働きに行く。
　　⇒第2段落第1文。
⑤ サビーヌは309を散歩に連れて行く。
　　⇒第2段落第9文。

よって，正解は④→③→⑤→①となる。

問4 「アストンの能力」スライドに最適な項目を2つ選択しなさい。（順序は問わない。）

　36 ・ 37

① 自分で間違いを正す
② ポニーと並んでジャンプする
③ 騎手を背中に乗せてジャンプする
④ 馬よりも速く芸を身につける
⑤ 写真のためにポーズを取る

ステップ1　リード文を読み，資料をざっと見て，状況を理解する

問1の解説参照。

「アストンの能力」について列挙したスライドを完成させる問題。アストンの特長について書かれている箇所を見つけて解くことになる。

アストンについて詳しく書かれているのは第3段落後半（第6文以降）。それぞれの選択肢をチェックしよう。

① 自分で間違いを正す
　⇒第3段落の最後から2文目と一致。
② ポニーと並んでジャンプする
　⇒そのような記述はない。
③ 騎手を背中に乗せてジャンプする
　⇒第3段落第8文に ... leap over ～ with Sabine on his back「サビーヌを背に乗せて～を飛び越える」とあるので，これと一致する。
④ 馬よりも速く芸を身につける
　⇒速く芸を身につける点については，第3段落第6文に記述があるが，馬との比較はしていない。
⑤ 写真のためにポーズを取る
　⇒そのような記述はない。
よって，正解は①・③となる。

問5 最も適切な項目を入れて「アストンの今」スライドを完成させなさい。　38

① ファンが増えている
② サビーヌをとても裕福にした
③ とても有名なのでもう人を怖がらせない
④ 1年のほとんどの夜を馬用トレーラーで過ごす

問1の解説参照。

現在のアストンについて書かれている部分を確認することになる。nowやtodayのような語があればもちろん，時制が現在形になっていれば解答の根拠となる。

　第4段落の書き出しがNowで，これ以降はアストンの現在について書かれている。それぞれの選択肢をチェックしよう。

① ファンが増えている
　　⇒第6段落第1文の now, Aston is a major attraction with a growing number of online followers「今では，アストンはネット上でますます多くのフォロワーを持つ主要な呼び物となっています。」という部分と一致する。〈ネット上のフォロワー＝ファン〉と考えて良いだろう。

② サビーヌをとても裕福にした
　　⇒そのような記述はない。

③ とても有名なのでもう人を怖がらせない
　　⇒「有名」は第6段落第1文から読み取れるし，「人を怖がらせない」は第5段落最終文から読み取れるが，この2つの事実に so ～ that ...「とても～なので…」で表されるような因果関係があるということは，本文からは読み取れない。

④ 1年のほとんどの夜を馬用トレーラーで過ごす
　　⇒そのような記述はない。

よって，正解は①となる。

　着眼点

・問2のような問題は，選択肢を1つずつ吟味していくと時間がかかってしまう。「～が含まれている選択肢は×」のように選択肢を除外するポイントを押さえ，消去法で解くことで時間を短縮しよう。

・時系列が問われる問題では，本文の該当箇所を見つけたら，その左右の余白に選択肢の番号を書き込むなどしておこう。頭の中で処理しようとしないこと。

・複数の登場人物が出てきて，関係が複雑な場合は，メモを取ったり本文に印をするなどして混乱を防ぐ。今回の問題では，pony⇒Leon, 309[Three-oh-nine]⇒Astonと表現が変化するので，各登場人物を○／△／□で囲むなどすると見やすいだろう。

リード文

- ☐ take part in ～　～に参加する
- ☐ oral 形 口頭の
- ☐ following 形 以下の，次の

ニュース記事　第1～3段落

- ☐ die of ～　～が原因で死ぬ
- ☐ loneliness 名 孤独，寂しさ
- ☐ cow 名 （雌の）牛，（雌雄問わず）牛
- ☐ look after ～　～の世話をする
- ☐ pregnant 形 妊娠して
- ☐ bull 名 （雄の）牛
- ☐ male 形 雄の
- ☐ meat market　食肉市場
- ☐ permission 名 許可
- ☐ offer 動 提供する
- ☐ pony 名 ポニー(小さい馬)
- ☐ no longer　もう～ない
- ☐ painful 形 苦痛な
- ☐ rename 動 名前を付け直す
- ☐ close 形 親密な，綿密な
- ☐ pay attention to ～　～に注意［注目］する
- ☐ routine 名 日課
- ☐ pick up ～　～を身につける，習得する
- ☐ gallop 動 （馬が猛スピードで）走る，駆ける
- ☐ on command　命令［指示］を受けて
- ☐ despite 前 ～にもかかわらず
- ☐ weigh 動 重さが～だ
- ☐ leap 動 跳ぶ，はねる
- ☐ adjust 動 調整する
- ☐ step 名 歩幅
- ☐ fault 名 誤り，過失
- ☐ correct 動 訂正［修正］する

ニュース記事　第4～7段落

- ☐ show off　見せつける，見せびらかす
- ☐ scared 形 怖がっている
- ☐ get close to ～　～に接近する
- ☐ horn 名 （牛などの）角
- ☐ get used to ～　～に慣れる
- ☐ massive 形 大きい，巨大な
- ☐ attraction 名 アトラクション，呼び物
- ☐ overnight 副 一晩（中），夜通し
- ☐ crush 動 押しつぶす
- ☐ other than ～　～以外は

スライド

- ☐ main figure　主役
- ☐ minor figure　脇役
- ☐ pre-fame 形 有名になる前の
- ☐ storyline 名 ストーリー展開，話の筋

設問

- ☐ neighbor 名 隣人，近所の人
- ☐ by *oneself*　自分（の力）で
- ☐ side-by-side　並んで，一緒に
- ☐ pose 動 ポーズを取る
- ☐ appropriate 形 適切な
- ☐ frighten 動 怖がらせる

Your group is preparing a report on famous explorers. You have decided to base your report on the article below.

Robert Falcon Scott was a British Navy officer who is one of the most legendary figures of the European age of exploration. He was born in 1868 and joined the navy. When his father's business ran into trouble, he needed a way to gain a higher rank. He heard of an expedition to Antarctica in 1901 on the ship RRS *Discovery*. Scott volunteered to lead this research trip, and discovered a great deal about Antarctica. This first Antarctic trip was so successful that Scott became a national hero and was praised for his skill in leading during harsh weather.

Based on this success, Scott announced his plan to go to Antarctica again and be the first to reach the South Pole this time. He left in 1910, but he had unexpected competition from the Norwegian explorer Roald Amundsen. Amundsen initially planned to be the first to reach the North Pole, but heard news that the Americans Frederick Cook and Robert Peary reached it first. Since then, most historians have come to believe both men didn't reach the North Pole, but Amundsen didn't know that at the time. He changed his goal to beating Scott and started his expedition to the South Pole.

Scott heard this news after starting his own journey. He knew Amundsen was a skilled explorer, but decided to go ahead with his plan. Scott's team started their journey with sled dogs, ponies, and motorized "sledges" which were early versions of snowmobiles. However, the vehicles broke down and the ponies turned out to be bad at handling the snow. Both were abandoned and the dog sleds were sent back so they could pick up supplies for the trip back.

In January 1912 Scott and his team reached the South Pole, but were sad to see that Amundsen had reached it a month earlier. When they began their journey back, they ran into bad weather and ran out of food. The team of dog sleds that Scott ordered to meet them did not show up, and they had to continue on foot. When they ran into a blizzard, they were forced into a tent where Scott and the rest of the team died.

When the news reached England, Scott's reputation grew even larger, and great amounts of money was raised for his family. Scott's death was even announced before Amundsen's success was, meaning for a few months it was believed he was the first to reach the pole even though he didn't survive.

Though he failed in his goal, he was regarded as a hero who displayed a great amount of bravery. This lasted for decades before people began to question his leadership. In the last half of the 20th century, people thought Scott led his men to a dangerous mission without proper planning. A later study showed that he faced more difficulties than originally thought. For example, his ignored order to bring more dogs was not known about until 2012. No matter which is correct, his expedition is a dramatic tale of hardship. His influence is maintained to today: the research station at the South Pole is named the Amundsen-Scott South Pole Station.

Report Notes:

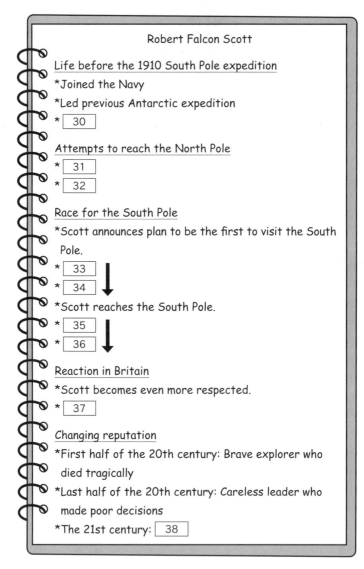

Robert Falcon Scott

Life before the 1910 South Pole expedition
*Joined the Navy
*Led previous Antarctic expedition
* 30

Attempts to reach the North Pole
* 31
* 32

Race for the South Pole
*Scott announces plan to be the first to visit the South
 Pole.
* 33
* 34
*Scott reaches the South Pole.
* 35
* 36

Reaction in Britain
*Scott becomes even more respected.
* 37

Changing reputation
*First half of the 20th century: Brave explorer who
 died tragically
*Last half of the 20th century: Careless leader who
 made poor decisions
*The 21st century: 38

問1　Choose the best statement for   30 .

① Attempted to reach the North Pole

② Became the first European to visit Antarctica

③ Received recognition for his leadership

④ Did not gain very much fame for his role

問2　Choose the two best statements for ⬚31⬚ and ⬚32⬚. (The order does not matter.)

① Amundsen accepted the news that Cook and Peary had reached the North Pole.

② Cook's achievement made the Britain rethink its South Pole expedition.

③ Peary beat Amundsen to become the first Norwegian to visit the North Pole.

④ Scott did not think that Amundsen would be serious competition as an explorer.

⑤ Most historians find it unlikely that the North Pole was reached by Cook and Peary.

問3　Put the following events (①~④) into the order in which they happened.

⬚33⬚ → ⬚34⬚ → ⬚35⬚ → ⬚36⬚

① Scott dies attempting to return from South Pole.

② Amundsen announces expedition.

③ Results of Amundsen's trip are announced.

④ Amundsen reaches South Pole.

問4　Choose the best statement for ⬚37⬚.

① New safety rules were made for future expeditions.

② Many people donated to Scott's family.

③ England organized a second South Pole expedition.

④ Other explorers failed to find his body.

問5　Choose the best statement for ⬚38⬚.

① Unimportant figure whose name should be removed from the South Pole Research Station

② Innovative explorer that used new technology and research methods that were ahead of his time

③ Troubled adventurer who faced difficult problems beyond expectations

④ Tragic hero who actually never reached the pole during his journey

英文訳

あなたのグループは，有名な探検家たちについてのレポートを準備しています。あなたは，以下の記事をもとにレポートを作成することにしました。

　ロバート・ファルコン・スコットはイギリス海軍の将校で，ヨーロッパ人の探検時代における最も伝説的な人物の一人である。彼は1868年に生まれ，海軍に入隊した。父親の事業がうまくいかなくなったので，彼はより高い等級を得るための方法が必要となった。彼は，1901年にRRSディスカバリー号で南極大陸を探検するという話を聞いた。スコットはこの調査旅行のリーダーとなることを志願し，南極大陸について多くの発見をした。この第一次の南極探検が大成功を収めたため，スコットは国民的英雄となり，過酷な天候の中で指揮をとる手腕が称賛された。

　この成功に基づいて，スコットは再び南極に行き，今度は南極点に初めて到達した人物になるという計画を発表した。彼は1910年に出発したが，ロアルド・アムンゼンというノルウェー人探検家との予期せぬ競争に巻き込まれた。アムンゼンは当初，北極点に初めて到達した人物になろうと計画していたが，アメリカ人のフレデリック・クックとロバート・ピアリーがそこに最初に到達したというニュースを耳にした。それ以降，ほとんどの歴史家は二人とも北極点には到達していないと考えるようになったが，アムンゼンは当時それを知らなかった。彼は目標をスコットを打ち負かすことに変え，南極点への探検を開始した。

　スコットはこの知らせを旅を開始した後に聞いた。アムンゼンが熟練した探検家であることは知っていたが，自分の計画を進めることにした。スコット一行は，そり用の犬，ポニー，そしてスノーモービル［雪上車］の初期バージョンであるモーター付きの「そり」で旅を開始した。しかし，その乗り物は故障し，ポニーは雪に対処するのが不得手であることが判明した。いずれも置き去りにされ，犬ぞりは帰りの旅のための物資を調達するために送り返された。

　1912年1月，スコットたちは南極点に到達したが，アムンゼンが1か月前に到達していたことを知り，悲しくなった。彼らが帰路についたとき，悪天候に見舞われ，食料も底をついてしまった。スコットが出迎えを命じた犬ぞり隊は現れず，徒歩で旅を続けなければならなかった。彼らは猛吹雪に遭い，テントに閉じ込められ，そ

こでスコットと他の隊員は亡くなった。

　このニュースがイングランドに伝わると，スコットの評判はさらに高まり，彼の家族のために多額の寄付金が集まった。スコットの死はアムンゼンの成功よりも先に発表されたので，生存はしていないが彼が最初に南極点に到達したのだと数か月間は考えられていたことになる。

　彼は目標を達成することには失敗したが，大変な勇敢さを発揮した英雄と考えられていた。このような状況が数十年続いた後，人々は彼のリーダーシップを疑問視し始めた。20世紀後半になると，人々はスコットが適切な計画なしに部下を危険な任務に導いたと考えた。その後の研究によって，スコットは当初考えられていたよりも多くの困難に直面していたことが明らかになった。たとえば，犬をもっと連れてくるようにという彼の指示が無視されたことは，2012年まで知られていなかった。どちらが正しいにせよ，彼の探検はドラマチックな苦難の物語である。彼の影響力は今日まで続いていて，南極点の調査基地は「アムンゼン・スコット南極点基地」と名付けられている。

レポート用メモ：

ロバート・ファルコン・スコット

1910年の南極点探検前の人生
* 海軍に入隊
* 前の南極大陸探検を指揮
* 　30　

北極点到達への試み
* 　31　
* 　32　

南極点を目指す競争
* スコットが南極点に最初に訪問する計画を発表。
* 　33　
* 　34　
* スコットが南極点に到達。
* 　35　
* 　36　

イギリス国内での反応

*スコットはさらに尊敬されるようになる。

* [37]

評判の移り変わり

* 20世紀前半：悲劇的な死を遂げた勇敢な探検家

* 20世紀後半：誤った判断をした軽率なリーダー

* 21世紀： [38]

【解説】

問1 [30] に入れる最も適切な記述を選びなさい。

① 北極点に到達しようとした

② 南極大陸を訪れた最初のヨーロッパ人となった

③ リーダーシップが認められた

④ 自分の役割に対してあまり名声を得られなかった

【ステップ1】 リード文を読み，資料をざっと見て，状況を理解する

以下のリード文を読む。

Your group is preparing a report on famous explorers. You have decided to base your report on the article below.

「あなたのグループは，有名な探検家たちについてのレポートを準備しています。あなたは，以下の記事をもとにレポートを作成することにしました。」

□ 有名な探検家についてのレポートを準備している

□ 以下の記事に基づいたレポートとなる

という点が確認できた。

さらに，資料にざっと目を通すと，まずイラストがあるが，ここからは得られる情報は特になさそうだ。次に，レポート用メモを見ると，ロバート・ファルコン・スコットという人名があり，これがテーマとなる探検家の名前であろう。

サブタイトルにも目を通すと，南極点・北極点が関係していること，それを目指した競争があり，その結果についての評価が変化したことなどがわかる。

30 には，主人公であるスコットの南極点探検前の人生についての記述で，第一次南極大陸探検を指揮した後の出来事が入る。

南極大陸への探検については第1段落後半に記述があり，探検後については同段落最終文に

> This first Antarctic trip was so successful that Scott became a national hero and was praised for his skill in leading during harsh weather.「この第一次の南極探検が大成功を収めたため，スコットは国民的英雄となり，過酷な天候の中で指揮をとる手腕が称賛された。」

とある。よって，正解は③リーダーシップが認められたとなる。

❖誤答分析❖

① 北極点に到達しようとした
　⇒第2段落に北極点を目指した人物について記述があるが，それはRoald Amundsen, Frederick Cook, Robert Pearyの3人であり，スコットは含まれていないので，不正解。

② 南極大陸を訪れた最初のヨーロッパ人となった
　⇒南極大陸を訪れたことは第1段落後半からわかるが，それがヨーロッパ人で初めてかどうかを判断する情報がない。

④ 自分の役割に対してあまり名声を得られなかった
　⇒第1段落最終文にScott became a national hero and was praised for his skill in ...「スコットは国民的英雄となり，…手腕が称賛された」とあり，名声を得たことがわかる。よって不正解。

問2　31 と 32 に入れる最も適切な記述を2つ選びなさい。（順序は問わない。）

① アムンゼンはクックとピアリーが北極点に到達したというニュースを受け入れた。

② クックの偉業が原因でイギリスは南極探検について考え直した。

③ ピアリーはアムンゼンを打ち負かし，北極点を訪れた最初のノルウェー人になった。

④ スコットはアムンゼンが探検家として厳しい競争相手になるとは思っていなかった。

⑤ ほとんどの歴史家は北極点がクックとピアリーによって踏破された可能性は低いと考えている。

リード文を読み，資料をざっと見て，状況を理解する

問1の解説参照。

設問文を読んで，読み取るべき情報をチェックする

31 32 には，北極点到達への挑戦に関する記述が入る。

本文を読み，該当箇所でストップして設問を解く

北極点到達に関しては，第2段落第3文に Amundsen initially planned to be the first to reach the North Pole, ... 「アムンゼンは当初，北極点に初めて到達した人物になろうと計画していた…」とあるので，この段落を中心にチェックする。

① アムンゼンはクックとピアリーが北極点に到達したというニュースを受け入れた。
　⇒クックとピアリーについては第2段落第3文に，2人が北極点に初めて到達したというニュースをアムンゼンが耳にしたとある。同段落最終文にはその結果としてアムンゼンが北極の代わりに南極を目指すことにしたとあり，アムンゼンはこのニュースを信じたのだとわかる。よって，正解。

② クックの偉業が原因でイギリスは南極探検について考え直した。
　⇒第2段落第3文にクックとピアリーが北極点に最初に到達したというニュースについて記述があるが，それに対するイギリスの反応や対応について記述はない。よって，不正解。

③ ピアリーはアムンゼンを打ち負かし，北極点を訪れた最初のノルウェー人になった。
　⇒第2段落第3文に the Americans Frederick Cook and Robert Peary とあることから，ピアリーはアメリカ人である。よって，不正解。

④ スコットはアムンゼンが探検家として厳しい競争相手になるとは思っていなかった。
　⇒スコットとアムンゼンの関係については，第2段落最終文より，アムンゼンが目標を北極から南極に変えたことで2人はライバル関係になったことがわかる。また，第3段落第2文からスコットはアムンゼンを優秀な探検家，つまりライバルとして楽な相手ではないと考えていたことがわかる。よって，不正解。

⑤ ほとんどの歴史家は北極点がクックとピアリーによって踏破された可能性は低いと考えている。
　⇒第2段落第4文に Since then, most historians have come to believe both

men didn't reach the North Pole, ... 「それ以降，ほとんどの歴史家は二人とも北極点には到達していないと考えるようになった…」という歴史家の見解が記されている。実際には到達していない可能性が高いと考えられているので，正解となる。

よって，正解は①・⑤となる。

問3 次の出来事（①〜④）を起こった順に並べなさい。

$$\boxed{33} \rightarrow \boxed{34} \rightarrow \boxed{35} \rightarrow \boxed{36}$$

① スコットが南極点からの帰還を試みたが死亡。
② アムンゼンが探検を発表。
③ アムンゼンの渡航結果を発表。
④ アムンゼンが南極点に到達。

ステップ1 リード文を読み，資料をざっと見て，状況を理解する

問1の解説参照。

ステップ2 設問文を読んで，読み取るべき情報をチェックする

時系列に並べる問題なので，各選択肢に該当する記述を本文から探す。$\boxed{33}$ 〜$\boxed{36}$はRace for the South Pole「南極点を目指す競争」のパートなので，第3段落以降をチェックする。

ステップ3 本文を読み，該当箇所でストップして設問を解く

②「アムンゼンが探検を発表。」は第2段落最終文と第3段落第1文に書かれており，これが「競争」の始まりの$\boxed{33}$と考えられる。

①「スコットが南極点からの帰還を試みたが死亡。」は第4段落最終文。第4段落第1文にスコット一行が，自分たちより先にアムンゼンが南極点に到達したことを知って悲しんだとの記述があり，④「アムンゼンが南極点に到達。」は①より前の$\boxed{34}$だとわかる。

第5段落第2文に，Scott's death was even announced before Amundsen's success was, ... 「スコットの死はアムンゼンの成功よりも先に発表されたので，…」とある（2つめのwasの後にannouncedが省略されている）。これにより，③「アムンゼンの渡航結果を発表」は①「スコットの死亡」$\boxed{35}$の後の$\boxed{36}$であることがわかった。

以上により，正解は②→④→①→③となる。

問4 　37　に入れる最も適切な記述を選びなさい。
① 将来の探検のために，新しい安全規則が作られた。
② 多くの人がスコットの遺族に寄付をした。
③ イギリスが第二次南極探検を組織した。
④ 他の探検家が彼の遺体を発見できなかった。

ステップ1 リード文を読み，資料をざっと見て，状況を理解する
問1の解説参照。

ステップ2 設問文を読んで，読み取るべき情報をチェックする
　37　はReaction in Britain「イギリス国内での反応」のパートなので，
When the news reached Englandで始まる第5段落をチェックする。

ステップ3 本文を読み，該当箇所でストップして設問を解く
　第5段落第1文に ... great amounts of money was raised for his family「彼の家族のために多額の寄付金が集まった」とある。この文のraiseは「（金を）集める，調達する」の意味。
　よって，正解は②多くの人がスコットの遺族に寄付をした。となる。他の選択肢はいずれも本文中に記述がない。

問5 　38　に入れる最も適切な記述を選びなさい。
① 南極観測基地から名前を消すべき重要でない人物
② 時代の先を行く新たな技術や調査方法を活用した，革新的な探検家
③ 予想以上の困難な問題に直面した，苦しんだ冒険家
④ 実際にはその旅で南極点に到達しなかった悲劇の英雄

ステップ1 リード文を読み，資料をざっと見て，状況を理解する
問1の解説参照。

ステップ2 設問文を読んで，読み取るべき情報をチェックする
　38　はChanging reputation「評判の移り変わり」のパートの中で，「21世紀」について問われているので，21世紀についての記述を探すことになる。

ステップ3 本文を読み，該当箇所でストップして設問を解く
　最終段落の第3文でIn the last half of the 20th century, ... とあるので，21世紀

についての記述はこの後の英文から始まると予想する。同段落第4～5文では，

A later study showed that he faced more difficulties than originally thought. For example, his ignored order to bring more dogs was not known about until 2012.

「その後の研究によって，スコットは当初考えられていたよりも多くの困難に直面していたことが明らかになった。たとえば，犬をもっと連れてくるようにという彼の指示が無視されたことは，2012年まで知られていなかった。」とあり，2012年は21世紀なので，この部分が解答の根拠となる。

　　よって，正解は③予想以上の困難な問題に直面した，苦しんだ冒険家となる。

着眼点

　　伝記は一般的に時系列に沿って記述されるが，例外的に順番が入れ替わることもある。たとえば，A⇒Bの順序で起こったとしても，Bを記述した上で「その数年前にAがあった」と付け加えるようなケースである。本問では第2～4段落がそのような記述の仕方をしているので注意しよう。

リード文

- [ ] prepare 動 準備する
- [ ] explorer 名 探検家
- [ ] base *A* on *B* AをBに基づかせる
- [ ] article 名 記事

本文

- [ ] navy 名 海軍
- [ ] officer 名 将校
- [ ] legendary 形 伝説的な
- [ ] figure 名 人物
- [ ] age 名 時代
- [ ] exploration 名 探検
- [ ] run into ～ ～に陥る，～の状態になる，～に遭遇する
- [ ] gain 動 得る，獲得する
- [ ] rank 名 地位，階級
- [ ] hear of ～ ～について聞く，～の噂を聞く
- [ ] expedition 名 探検（隊）
- [ ] Antarctica 名 南極大陸
- [ ] volunteer 動 志願する，買って出る
- [ ] lead 動 指揮する
- [ ] research 名 研究，調査
- [ ] a great deal 多くの（こと）
- [ ] successful 形 成功して
- [ ] national 形 国家の，国民の
- [ ] praise 動 称賛する
- [ ] skill 名 技能，技量
- [ ] harsh 形 過酷な，厳しい
- [ ] announce 動 発表する
- [ ] pole 名 極，極地
- [ ] unexpected 形 予期せぬ，予想外の
- [ ] competition 名 競争
- [ ] Norwegian 形 ノルウェー（人）の
- [ ] historian 名 歴史家

- [ ] come to *do* ～するようになる
- [ ] journey 名 旅
- [ ] skilled 形 熟練した
- [ ] go ahead with ～ ～を進める，～を続ける
- [ ] sled[sledge] 名 そり
- [ ] pony 名 ポニー（小型の馬）
- [ ] motorized 形 モーター付きの
- [ ] version 名 ～版
- [ ] snowmobile 名 スノーモービル［雪上車］
- [ ] vehicle 名 乗り物
- [ ] break down 故障する
- [ ] turn out to be ～ 結局～だとわかる
- [ ] be bad at ～ ～が苦手で
- [ ] handle 動 処理する，対処する
- [ ] abandon 動 捨てる，放棄する
- [ ] send back ～ ～を送り返す
- [ ] supply 名 必需品，生活物資
- [ ] run out of ～ ～を使い果たす
- [ ] show up 現れる
- [ ] on foot 徒歩で
- [ ] blizzard 名 猛吹雪
- [ ] force *A* into *B* AをBに押し込める
- [ ] rest 名 残り，その他
- [ ] reputation 名 評判
- [ ] amount 名 量，（金）額
- [ ] raise 動 （金を）集める，調達する
- [ ] survive 動 生き残る

□ regard *A* as *B*
　AをBとみなす，AがBだと思う
□ display 動 表す，発揮する
□ mission 名 任務
□ proper 形 適切な
□ face 動 直面する
□ originally 副 最初に，当初は

□ ignore 動 無視する
□ dramatic 形 劇的な，ドラマチックな
□ tale 名 話，実話
□ hardship 名 苦難
□ influence 名 影響(力)
□ maintain 動 維持する

レポート用メモ

□ previous 形 以前の
□ attempt 名 試み
□ reaction 名 反応

□ respect 動 尊敬する
□ tragically 副 悲劇的に

設問

□ statement 名 記述
□ recognition 名 認識，評価
□ beat 動 打ち負かす
□ donate 動 寄付する
□ organize 動 準備する，手配する

□ fail to *do*　〜しない，〜できない
□ body 名 死体，遺体
□ remove 動 取り除く
□ ahead of 〜
　〜より先に，〜より進んで

健康・医療

健康や病気，薬や医療などに関する表現。健康を維持する方法や病気に関する統計，世界のさまざまな地域での医療，薬の開発や医療の発展に貢献した人物の紹介などのテーマを扱う英文の出題が予想される。

特に出題が予想される大問 ⇨ 第4問・第5問・第6問

- ☐ pharmacy / drug store 图 薬局
- ☐ fever 图 熱
- ☐ pain / ache 图 痛み
- ☐ medicine / medication / drug 图 薬
- ☐ prescription 图 処方箋
- ☐ allergy 图 アレルギー
- ☐ be allergic to ～ ～にアレルギーを持って
- ☐ symptom 图 症状
- ☐ have a sore throat のどが痛い
- ☐ have a headache 頭が痛い
- ☐ have a stomachache おなかが痛い
- ☐ painkiller 图 痛み止め
- ☐ prevention 图 予防
- ☐ wellness 图 健康
- ☐ well-being 图 健康，幸福
- ☐ physical 形 身体的な
- ☐ develop 動 発症する
- ☐ dental 形 歯の
- ☐ treatment 图 治療
- ☐ psychological 形 心理的な
- ☐ depression 图 うつ病
- ☐ disorder 图 不調，障害
- ☐ eyesight 图 視力
- ☐ deadly 形 死に至る
- ☐ fatal 形 死に至る
- ☐ epidemic 图 伝染病
- ☐ remedy 图 治療（薬）
- ☐ potent 形 効き目が強い
- ☐ pregnant 形 妊娠して

第6問 A

長文読解（論説文）

設問数	4 問
配点	12 点
解答時間	約 8 〜 10 分
英文語数	約 510 〜 790 語

GUIDANCE やや長めの記事を読み，その記事の内容を要約したり整理したりする，という問題。事前に設問や資料に目を通して，把握すべき情報は何か，明確にしておこう。

例 題

You are working on a class project about safety in sports and found the following article. You are reading it and making a poster to present your findings to your classmates.

Making Ice Hockey Safer

Ice hockey is a team sport enjoyed by a wide variety of people around the world. The object of the sport is to move a hard rubber disk called a "puck" into the other team's net with a hockey stick. Two teams with six players on each team engage in this fast-paced sport on a hard and slippery ice rink. Players may reach a speed of 30 kilometers per hour sending the puck into the air. At this pace, both the players and the puck can be a cause of serious danger.

The speed of the sport and the slippery surface of the ice rink make it easy for players to fall down or bump into each other resulting in a variety of injuries. In an attempt to protect players, equipment such as helmets, gloves, and pads for the shoulders, elbows, and legs, has been introduced over the years. Despite these efforts, ice hockey has a high rate of concussions.

A concussion is an injury to the brain that affects the way it functions; it is caused by either direct or indirect impact to the head, face, neck, or elsewhere and can sometimes cause temporary loss of consciousness. In less serious cases, for a short time, players may be unable to walk straight or see clearly, or they may experience ringing in the ears. Some believe they just have a slight headache and do not realize they have injured their brains.

In addition to not realizing the seriousness of the injury, players tend to worry about what their coach will think. In the past, coaches preferred tough players who played in spite of the pain. In other words, while it would seem logical for an injured player to stop playing after getting hurt, many did not. Recently, however, it has been found that concussions can have serious effects that last a lifetime. People with a history of concussion may have trouble concentrating or sleeping. Moreover, they may suffer from psychological problems such as depression and mood changes. In some cases, players may develop smell and taste disorders.

The National Hockey League (NHL), consisting of teams in Canada and the United States, has been making stricter rules and guidelines to deal with concussions. For example, in 2001, the NHL introduced the wearing of visors—pieces of clear plastic attached to the helmet that protect the face. At first, it was optional and many players chose not to wear them. Since 2013, however, it has been required. In addition, in 2004, the NHL began to give more severe penalties, such as suspensions and fines, to players who hit another player in the head deliberately.

The NHL also introduced a concussion spotters system in 2015. In this system, NHL officials with access to live streaming and video replay watch for visible indications of concussion during each game. At first, two concussion spotters, who had no medical training, monitored the game in the arena. The following year, one to four concussion spotters with medical training were added. They monitored each game from the League's head office in New York. If a spotter thinks that a player has suffered a concussion, the player is removed from the game and is taken to a "quiet room" for an examination by a medical doctor. The player is not allowed to return to the game until the doctor gives permission.

The NHL has made much progress in making ice hockey a safer sport. As more is learned about the causes and effects of concussions, the NHL will surely take further measures to ensure player safety. Better safety might lead to an increase in the number of ice hockey players and fans.

Making Ice Hockey Safer

What is ice hockey?

- Players score by putting a "puck" in the other team's net

- Six players on each team

- Sport played on ice at a high speed

Main Problem: A High Rate of Concussions

Definition of a concussion

An injury to the brain that affects the way it functions

Effects

Short-term	Long-term
· Loss of consciousness	· Problems with concentration
· Difficulty walking straight	· 40
· 39	· Psychological problems
· Ringing in the ears	· Smell and taste disorders

Solutions

National Hockey League (NHL)

- Requires helmets with visors

- Gives severe penalties to dangerous players

- Has introduced concussion spotters to   41

Summary

Ice hockey players have a high risk of suffering from concussions.

Therefore, the NHL has   42 .

問 1　Choose the best option for ⬜ 39 ⬜ on your poster.

① Aggressive behavior

② Difficulty thinking

③ Personality changes

④ Unclear vision

問 2　Choose the best option for ⬜ 40 ⬜ on your poster.

① Loss of eyesight

② Memory problems

③ Sleep disorders

④ Unsteady walking

問 3　Choose the best option for ⬜ 41 ⬜ on your poster.

① allow players to return to the game

② examine players who have a concussion

③ fine players who cause concussions

④ identify players showing signs of a concussion

問 4　Choose the best option for ⬜ 42 ⬜ on your poster.

① been expecting the players to become tougher

② been implementing new rules and guidelines

③ given medical training to coaches

④ made wearing of visors optional

（共通テスト）

問題の解き方

ステップ1 リード文を読み，資料をざっと見て，状況を理解する

リード文（状況などを説明している最初の文）を丁寧に読む。また，**資料やイラストにも軽く目を通して**主題をつかむ。

▶**状況設定やテーマがわかる**ので，この後の英文をスムーズに理解できるようになる。

ステップ2 設問文を読んで，読み取るべき情報をチェックする

設問文を読む（誤った情報が頭に残ってしまう可能性があるので，**原則として選択肢は読まない**。ただし，設問文の情報が少ない場合は選択肢に軽く目を通す）。

▶**本文および資料から読み取るべき情報**が明確になる。

ステップ3 本文を読み，該当箇所でストップして設問を解く

本文を読み進め，必要な情報を発見したら，いったんストップして設問を解く。必要に応じて資料を参照する。

▶通読して内容を把握するというより，**情報を検索するような読み方**をするのがポイント。

解答 問1 ④ 問2 ③ 問3 ④ 問4 ②

英文訳

あなたは，スポーツにおける安全性についてのクラス課題に取り組んでおり，次のような記事を見つけました。この記事を読み，発見したことを同級生に発表するためのポスターを作成しています。

アイスホッケーをより安全に

アイスホッケーは，世界中で多種多様な人々が楽しんでいるチームスポーツです。そのスポーツの目的は，「パック」と呼ばれる硬いゴム製の円盤を，ホッケースティッ

クを使って相手チームのネットに入れることです。それぞれ6人の選手からなる2チームが，硬くて滑りやすい氷のリンク上で，このペースの速いスポーツを行います。パックを空中に飛ばす際，選手は時速30kmに達することもあります。この速度では，選手とパックの両方が重大な危険の原因になる可能性があります。

このスポーツはスピードが速く，氷のリンクの表面が滑りやすいため，選手が転倒したり互いに衝突したりしやすく，その結果，さまざまなケガが起こります。選手を保護しようと，ヘルメット，グローブ，肩・肘・足のパッドなどの器材が長年にわたって導入されてきました。こうした努力にもかかわらず，アイスホッケーでは脳振とうの発生率が高いのです。

脳振とうとは，脳の機能の仕方に影響を与える脳の損傷のことで，頭，顔，首，その他の場所への直接的または間接的な衝撃によって引き起こされ，時には一時的に意識を失うこともあります。あまり深刻でない場合でも，短時間にわたって，選手たちはまっすぐ歩けなくなったり，目がはっきり見えなくなったり，耳鳴りを経験したりします。ちょっとした頭痛だと思いこんで，脳に損傷を受けたことに気づかない人もいます。

損傷の深刻さに気づかないだけでなく，選手はコーチがどう思うかを気にしがちです。かつては，コーチは痛みがあってもプレイする丈夫な選手を好みました。言い換えれば，ケガをした選手は，ケガをしたらプレイをやめるのが理にかなうように思えるでしょうが，多くの選手はそうしなかったのです。しかし，最近では，脳振とうが一生続く深刻な影響を与える可能性があるということがわかってきました。脳振とうを起こした前歴のある人は，集中したり睡眠を取ることに支障をきたすことがあり得ます。さらに，うつや情緒の変化など，心理的な問題に悩まされることもあります。場合によっては，選手が嗅覚や味覚の障害を起こすこともあります。

カナダとアメリカのチームで構成されるナショナル・ホッケー・リーグ（NHL）では，脳振とうに対処するため，より厳格なルールやガイドラインを作成してきました。たとえば，2001年にNHLはバイザーの着用を導入しました。バイザーとは，顔を保護する，ヘルメットに取り付けられる透明なプラスチックの部品です。当初は任意だったため，多くの選手が着用しないことを選択しました。しかし，2013年以降は着用が必須になりました。さらに，2004年には，故意に他の選手の頭部を叩いた選手に対して，出場停止や罰金など，より厳しい罰則をNHLは適用するようになりました。

NHLはまた，2015年に脳振とうスポッター［監視人］制度を導入しました。このシステムでは，生中継とビデオのリプレイを利用できるNHL職員が，各試合中に脳振とうの明らかな兆候がないか注視します。当初は，医療の訓練を受けていない2人の脳振とうスポッターが，アリーナ［競技場］で試合を監視していました。翌年，

医療の訓練を受けた1〜4人の脳振とうスポッターが加わりました。彼らは，ニューヨークのリーグ本部から各試合を監視しました。選手が脳振とうを起こしたとスポッターが考えた場合，その選手は試合から外され，医師による検査を受けるため「クワイエットルーム」に連れて行かれます。医師が許可を出すまで選手は試合に戻ることが許されません。

　NHLは，アイスホッケーをより安全なスポーツにする上で大きく前進してきました。脳振とうの原因と影響がさらにわかっていくにつれて，NHLはきっと選手の安全を確保するためのさらなる対策を取るでしょう。安全性の向上は，アイスホッケーの選手やファンの増加につながるかもしれません。

アイスホッケーをより安全に

アイスホッケーとは何か？
・選手が「パック」を相手チームのネットに入れて得点する
・各チームの選手は6人
・氷上において高速で行われるスポーツ

主な問題点：脳振とうの発生率が高いこと

脳振とうの定義
脳の機能の仕方に影響を与える脳の損傷

影響

短期	長期
・意識の喪失	・集中力に支障
・まっすぐ歩くのが困難	・ 40
・ 39	・心理的な問題
・耳鳴り	・嗅覚・味覚の障害

解決策

ナショナル・ホッケー・リーグ（NHL）
・バイザー付きヘルメットの着用を必須にする
・危険な選手には厳しい罰則を適用する
・脳振とうスポッターを 41 ために導入した

要約
アイスホッケー選手は，脳振とうを起こす危険性が高い。
そのため，NHLは 42 。

問1 ポスターの | 39 | に最適な選択肢を選びなさい。

① 攻撃的な行動

② 思考の困難

③ 性格の変化

④ 不明瞭な視界

ステップ1 リード文を読み，資料をざっと見て，状況を理解する

以下のリード文を読む。

> You are working on a class project about safety in sports and found the following article. You are reading it and making a poster to present your findings to your classmates.
>
> 「あなたは，スポーツにおける安全性についてのクラス課題に取り組んでおり，次のような記事を見つけました。この記事を読み，発見したことを同級生に発表するためのポスターを作成しています。」

テーマは「スポーツの安全性」。

ポスターの作成とあり，プレゼンテーションの準備をするという点で，第5問と似た形式である。そこで，資料のポスターをチェックする。

ポスターの中のサブタイトルを見ると，

□ **アイスホッケーとは**

□ **問題点**

□ **短期／長期の影響**

□ **解決策**

□ **要約**

とあり，「影響」「解決策」「要約」に空欄があるので，これらについて本文から必要な情報を見つけることになる。

なお，concussion という単語は知らないだろうが，第3段落第1文に定義が書かれているので問題はない。

ステップ2 設問文を読んで，読み取るべき情報をチェックする

本問では | 39 | ，つまり「(concussion による) 短期の影響」が問われている。まず，concussion について書かれた箇所を発見し，その中から「短期の影響」をチェックすることになる。

concussion（脳振とう）については第3段落に説明がある。Short-term（短期）に相当する語句を探すと，同段落第1文にtemporary「一時的な」，第2文にfor a short time「短時間」とある。

> ... can sometimes cause **temporary** loss of consciousness. In less serious cases, **for a short time**, players may be unable to walk straight or see clearly, or they may experience ringing in the ears.
>
> 「…時には**一時的に**意識を失うこともあります。あまり深刻でない場合でも，**短時間にわたって**，選手たちはまっすぐ歩けなくなったり，目がはっきり見えなくなったり，耳鳴りを経験したりします。」

これによると，短期の影響は

・意識の喪失

・まっすぐ歩けない

・目がはっきり見えない

・耳鳴りがする

の4点。

よって，正解は④**不明瞭な視界**となる。

問2 ポスターの 40 に最適な選択肢を選びなさい。

① 失明

② 記憶障害

③ 睡眠障害

④ 不安定な歩行

問1の解説参照。

本問では 40 ，つまり「（concussionによる）長期の影響」が問われている。問1で「短期の影響」についてはチェック済みなので，これより後に書かれているであろうと推測する。

Long-term（長期）にあたる語句を探すと，第4段落第4文にserious effects that last a lifetime「一生続く深刻な影響」とあるので，これ以降の内容をチェッ

クする。

> Recently, however, it has been found that concussions can have **serious effects that last a lifetime**. People with a history of concussion may have trouble concentrating or sleeping. Moreover, they may suffer from psychological problems such as depression and mood changes. In some cases, players may develop smell and taste disorders.
>
> 「しかし，最近では，脳振とうが**一生続く深刻な影響**を与える可能性があるということがわかってきました。脳振とうを起こした前歴のある人は，集中したり睡眠を取ることに支障をきたすことがあり得ます。さらに，うつや情緒の変化など，心理的な問題に悩まされることもあります。場合によっては，選手が嗅覚や味覚の障害を起こすこともあります。」

これによると，長期の影響としては，
・集中や睡眠に支障
・うつや情緒の変化といった心理的問題
・嗅覚・味覚障害
が挙げられている。

　よって，正解は③睡眠障害となる。

問3　ポスターの | 41 | に最適な選択肢を選びなさい。
　① 選手が試合に戻ることを許可する
　② 脳振とうになった選手を検査する
　③ 脳振とうの原因となる選手に罰金を科す
　④ 脳振とうの兆候を示している選手を特定する

ステップ1 リード文を読み，資料をざっと見て，状況を理解する
　問1の解説参照。

ステップ2 設問文を読んで，読み取るべき情報をチェックする
　| 41 | はconcussion spotters（内容はこの時点ではわからなくてOK）の導入について問われているので，この語句を探すことになる。
　| 41 | のすぐ前の語がtoであり，これが一般的な前置詞なのか，to不定詞なのか，確認するために選択肢の最初の1語だけ見ると，いずれも動詞の原形になっている。そこで，to不定詞であることがわかり，V（has introduced）＋ O（concussion spotters）の後にあることから，「目的」を表す副詞的用法のto不定

詞と判断する。

以上により，concussion spotters 導入の目的についてチェックする。

concussion spotters が登場するのは第6段落。concussion は第3段落第1文の定義により「脳振とう」，spot という動詞は「見つける，発見する」の意味なので，concussion spotters とは「脳振とうを発見する人」という意味だと考える。

第6段落第2文を見ると，

In this system, NHL officials with access to live streaming and video replay watch for visible indications of concussion during each game.
「このシステムでは，生中継とビデオのリプレイを利用できるNHL職員が，各試合中に脳振とうの明らかな兆候がないか注視します。」

とあり，concussion spotters の役割は試合を見ながら脳振とうの兆候のある選手を見つけることだとわかる。

よって，正解は④脳振とうの兆候を示している選手を特定するとなる。

問4　ポスターの 42 に最適な選択肢を選びなさい。
　① 選手がより丈夫になることを期待してきている
　② 新しいルールやガイドラインを実施してきている
　③ コーチに医療の訓練を行ってきた
　④ バイザーの着用を任意としてきた

問1の解説参照。

ポスターの 42 は Summary（要約）の最後の部分。Therefore があるので，すぐ上の文（脳振とうのリスクが高い）が理由になっていることにも注目する。主語は the NHL なので，リーグが何をしたのか，を読み取ればよい。

脳振とうのリスクについては，第2～4段落に記述がある。これを受けて第5段落第1文で，

> The National Hockey League (NHL), ... has been making stricter rules and guidelines to deal with concussions.
>
> 「…ナショナル・ホッケー・リーグ（NHL）では，脳振とうに対処するため，より厳格なルールやガイドラインを作成してきました。」

とある。

　よって，正解は②新しいルールやガイドラインを実施してきているとなる。

❖誤答分析❖
　① 選手がより丈夫になることを期待してきている
　　⇒第4段落第2文参照。この文の主語は「コーチ」なので誤り。
　③ コーチに医療の訓練を行ってきた
　　⇒第6段落第4文参照。医療の訓練を受けたのは「脳振とうスポッター」なので誤り。
　④ バイザーの着用を任意としてきた
　　⇒第5段落第3・4文参照。当初は任意だったが後に必須になった。よって，誤り。

　着眼点

・本文の情報量が多いが，設問に解答するのに必要な情報はごく一部なので，いかにスピーディーに必要な情報を発見できるかがポイント。
・資料ではShort-term／Long-termとあるが，本文にはこのような語句はなく，「短期」⇒temporary / for a short time，「長期」⇒last a lifetimeと対応している。このような対応関係を瞬時に見抜く語彙力が求められる。
・問4の各選択肢の内容は本文に書かれているものだが，「誰が」「誰に」それを行ったのかなど，正確に本文と照らし合わせるプロセスが重要。

第6問 A

語句

☐ work on 〜　〜に取り組む ｜ ☐ following 形 以下の，次の

第1段落

☐ a (wide) variety of 〜　多種多様な〜 ｜ ☐ slippery 形 滑りやすい

☐ object 名 目的 ｜ ☐ rink 名 リンク(スケートなどの競技場)

☐ rubber 名 ゴム ｜ ☐ per hour　1時間あたり

☐ engage in 〜　〜に従事する，〜を行う

第2段落

☐ surface 名 表面 ｜ ☐ equipment 名 装備，器材

☐ fall down　転倒する ｜ ☐ introduce 動 導入する

☐ bump into 〜　〜に衝突する ｜ ☐ over the years　長年にわたって

☐ injury 名 負傷 ｜ ☐ despite 前 〜にもかかわらず

☐ in an attempt to *do*　〜しようと試みて ｜ ☐ rate 名 割合，比率

☐ protect 動 守る，保護する ｜ ☐ concussion 名 脳振とう

第3段落

☐ affect 動 影響する ｜ ☐ consciousness 名 意識

☐ function 動 機能する ｜ ☐ ringing 名 鳴る音，耳鳴り

☐ elsewhere 副 他のところに ｜ ☐ slight 形 わずかな，かすかな

☐ temporary 形 一時的な ｜ ☐ headache 名 頭痛

☐ loss 名 喪失，失うこと

第4段落

☐ in addition (to 〜)　(〜に) 加えて ｜ ☐ have trouble (in) *doing*

☐ seriousness 名 重大さ ｜ 　〜するのに苦労する

☐ tend to *do*　〜する傾向がある ｜ ☐ concentrate 動 集中する

☐ tough 形 丈夫な，頑丈な ｜ ☐ moreover 副 その上，さらに

☐ in spite of 〜　〜にもかかわらず ｜ ☐ suffer from 〜　〜に苦しむ

☐ in other words　言い換えれば ｜ ☐ psychological 形 心理的な

☐ logical 形 理にかなう，論理的な ｜ ☐ depression 名 うつ (病)

☐ last 動 続く，持続する ｜ ☐ mood 名 気分，情緒

☐ lifetime 名 生涯，一生 ｜ ☐ develop 動 発症する，発病する

　｜ ☐ disorder 名 障害

第5段落

- [ ] consist of 〜 〜から成る，〜で構成される
- [ ] strict 形 厳格な
- [ ] guideline 名 ガイドライン，指針
- [ ] deal with 〜 〜に対処する
- [ ] visor 名 バイザー(顔を覆う防具)
- [ ] attach A to B AをBに取り付ける
- [ ] optional 形 任意の，自分で選べる
- [ ] require 動 必要とする，要求する
- [ ] severe 形 厳しい
- [ ] penalty 名 罰
- [ ] suspension 名 (資格などの)一時的な停止[剥奪]
- [ ] fine 名 罰金
- [ ] hit 〜 in the head 〜の頭を叩く
- [ ] deliberately 副 わざと，故意に

第6段落

- [ ] spotter 名 発見する人，監視人
- [ ] official 名 役員，職員
- [ ] access to 〜 〜の利用権
- [ ] live streaming 生放送，生中継
- [ ] visible 形 明らかな，はっきりした
- [ ] indication 名 兆候
- [ ] monitor 動 監視する
- [ ] arena 名 アリーナ（円形の競技場）
- [ ] head office 本部
- [ ] suffer 動 (症状などを)経験する，起こす
- [ ] remove A from B AをBから取り除く
- [ ] permission 名 許可

第7段落

- [ ] make progress 進歩[前進]する
- [ ] take measures 対策[措置]を取る
- [ ] ensure 動 確実にする，確保する

ポスター

- [ ] definition 名 定義
- [ ] solution 名 解決策
- [ ] summary 名 要約

設問

- [ ] option 名 選択肢
- [ ] aggressive 形 攻撃的な
- [ ] personality 名 性格，人格
- [ ] unclear 形 不明瞭な
- [ ] vision 名 視界，視野
- [ ] eyesight 名 視力
- [ ] memory 名 記憶
- [ ] unsteady 形 不安定な
- [ ] fine 動 罰金を科す
- [ ] identify 動 特定する
- [ ] sign 名 兆候
- [ ] implement 動 実施[実行]する

You are working on a project about health services in Japan and have found the following article. You are reading it in order to make a poster as part of your presentation.

Doctor-Heli

Rural areas tend to have fewer services compared to large cities. For things like train service and internet access, these differences can be inconvenient. But for something like emergency health care, the difference can be dangerous. As the Japanese countryside becomes less populated, hospitals and other health centers are being closed due to lack of doctors and lack of patients. This is because it's hard to run a hospital in these less-populated areas. However, the people living in these areas need medical treatment. A program called Doctor Helicopter was created to solve this issue.

Doctor Helicopter, also known as Doctor-Heli, is a program used to bring doctors to patients in remote areas using helicopters. Helicopters have been used for medical purposes since they were invented, but they have primarily been used to transport patients from remote areas to hospitals, or from smaller hospitals to larger hospitals. Doctor-Heli is distinct in that it brings doctors and nurses from hospitals to remote areas to treat patients there. They also provide care on the flight back to the hospitals. This makes them even more effective than ambulances which are harder to use in areas with few roads and only prepare patients for treatment.

The program began in 1999 and was first only used at two university hospitals. One of the issues at the beginning of the program was it was expensive for the more rural prefectures. These smaller prefectures often don't have a lot of money and they were asked to take on this new expense. However, in 2007 a law was passed that gave national funds to the program. Currently, local governments only have to pay around 20% of the funds needed to be part of the program. As a result, the program has 56 aircraft and a participating hospital in every prefecture in the country, with some prefectures having multiple hospitals.

Though paying for the helicopters is expensive, it can save money by offering quicker and better care to patients. When patients have to wait a long time to go to a far-away hospital, their condition can get worse and it can take longer for them to recover. Quicker care from a Doctor-Heli can make hospital visits shorter, which saves money and results in better health outcomes.

One of the ways Doctor-Heli makes sure it can offer quick service is having locations around the country where the helicopters can land and pick up patients. The small helicopters used by the program mean these pick-up points can be small pieces of land such as parks, schoolyards, and parking lots. Each hospital in the Doctor-Heli program has around 600 pick-up points, meaning most patients are close to one.

Although Doctor-Heli is mostly for small-scale situations where only one person needs medical attention, the service can also be used for large-scale situations like natural calamities. The military, fire departments, and other services already use helicopters, but Doctor-Heli significantly increases the number of helicopters that are ready to help in a calamity. For this reason, they are given special permission to fly and land without permission from other agencies.

There are still some challenges that Doctor-Heli needs to overcome to make itself a better program. It is looking into the possibility of using the system for non-emergency purposes, like sending specialty doctors to remote islands for periodic visits. The program also does not operate 24 hours a day, meaning some patients still cannot get quick help at certain times. While Doctor-Heli has been a great success, there are always challenges to giving people health care.

Doctor-Heli

The Problem
· Small communities are losing hospitals.
· Opening hospitals in low-population areas is inefficient.
· These challenges make it hard for rural people to get health care.

Solution: Doctor Helicopter
· Doctors and nurses ride in helicopters to where they are needed and provide care in rural areas.

Cost Issues and Their Solutions
· Operating helicopters can be expensive.
· Communities that need the service often don't have much money.

　↓

· ☐ 39

　↓

· Outcome: Every prefecture in Japan uses Doctor-Heli.

Benefits
· Helicopters can reach locations with few roads.
· Helicopters reach patients very quickly.
· Doctors can provide care instead of waiting to get to the hospital.
· ☐ 40

Other Possible Uses
· ☐ 41

Challenges and Possibilities
· It can be used for less urgent situations to transport doctors.
· ☐ 42

問1 Choose the best option for ⬜39⬜ on your poster.
① Hiring new doctors and nurses who have lower salaries
② Using smaller, cheaper helicopters for the program
③ Raising the cost of treatment at medical clinics
④ Getting money from the national government

問2 Choose the best option for ⬜40⬜ on your poster.
① Helicopters can serve an area covering half the country.
② There are special towers for helicopters to land on.
③ Quicker care results in shorter, cheaper hospital stays.
④ The program can save money by using fewer ambulances.

問3 Choose the best option for ⬜41⬜ on your poster.
① Doctor-Heli can give support to disaster sites.
② Doctor-Heli has the capability to land on cruise ships that need medical help.
③ Doctor-Heli can take private passengers when not in use for doctors.
④ Doctor-Heli is equipped with fire rescue equipment as well.

問4 Choose the best option for ⬜42⬜ on your poster.
① Most aircraft do not work well in poor weather.
② The helicopters can't currently operate around the clock.
③ Some islands are too far away to reach.
④ Funding for the program will run out soon.

解答 問1 ④ 問2 ③ 問3 ① 問4 ②

英文訳

あなたは日本の医療サービスに関するプロジェクトに取り組んでおり，以下の記事を見つけました。あなたは自分のプレゼンテーションの一部としてポスターを作成するためにこの記事を読んでいます。

ドクターヘリ

　地方は大都市に比べ，公共サービスが少ない傾向にあります。電車の運行やインターネットへの接続などにおいて，この差は不便となる場合があります。しかし，救急医療のような事柄においては，この差は危険なものとなり得ます。日本の田舎では人口が減少するにつれて，医師不足や患者不足を理由に病院や他の保健施設が閉鎖されつつあります。このような人口の少ない地域で病院を運営するのは困難だからです。しかし，こうした地域に住む人たちも医療を必要としています。ドクターヘリコプターというプログラムは，この問題を解決するために作られました。

　ドクターヘリコプターは，ドクターヘリという名でも知られており，ヘリコプターを使って遠隔地の患者のもとに医師を派遣するために利用されているプログラムです。ヘリコプターは発明されて以来，医療目的に利用されてきましたが，それは主に，遠隔地から病院へ，あるいは小さな病院から大きな病院へと患者を運ぶために利用されてきました。ドクターヘリは，現地で患者に手当をするために，病院から医師や看護師を遠隔地に運ぶという点で異なります。また，彼らは病院に戻る飛行中にも医療を提供します。そのため，道路が少ない地域では利用しにくく，かつ患者を治療に向けて準備させるだけの救急車と比較して，ドクターヘリはさらに効果的なのです。

　プログラムは1999年に始まり，当初は2つの大学病院のみで運用されていました。プログラム開始当時の問題の1つは，それがより田舎の県にとっては高額であることでした。こういった小さな県は，あまり資金を持っていないことが多いのに，この新たな費用を負担するよう求められたのです。しかし，2007年に，このプログラムに国費を割り当てる法律が可決されました。現在，プログラムに参加するために必要な資金のうち，地方自治体が負担するのは約20％にすぎません。その結果，このプログラムは56機の航空機を有し，全国全ての都道府県に参加病院があり，複数の

参加病院を持つ県もあります。

　ヘリコプターの費用は高額ですが，より迅速かつ適切な医療を患者に提供することによって経費を削減することができます。患者が遠方の病院に行くのに長い時間待たされると，症状が悪化し，回復により長い時間がかかることがあります。ドクターヘリの迅速な治療により通院期間が短縮されることで経費が削減でき，健康面でもより良い結果につながります。

　ドクターヘリが迅速な医療サービスを確実に提供できるようにしている方法の1つは，ヘリコプターが着陸して患者を乗せられる場所を全国各地に設けることです。このプログラムで使用されているのは小型のヘリコプターなので，ピックアップポイントは公園や校庭，駐車場など，小さな土地でも構いません。ドクターヘリプログラムに参加する各病院には約600カ所のピックアップポイントがあり，これでほとんどの患者がどこかのポイントの近くにいることになります。

　ドクターヘリは，治療を要するのが1人だけのような小規模な事態を主たる対象にしていますが，この公共サービスは自然災害のような大規模な事態のために利用することもできます。自衛隊や消防，その他の公共サービスではすでにヘリコプターを使用していますが，ドクターヘリによって，災害時にすぐに役立てるヘリコプターの数が大幅に増加しました。このため，それらには他の機関からの許可を得ずに飛行・着陸ができる特別な認可が与えられています。

　ドクターヘリをより良いプログラムにするために克服する必要がある課題が今なお残っています。たとえば，専門医を定期的な診察のため離島に派遣するなど，緊急目的以外でシステムを活用する可能性を検討しています。また，このプログラムは24時間体制での運営ではないため，一定の時間帯に迅速な処置が受けられない患者もいます。ドクターヘリは大きな成功を収めてきましたが，人々に医療を提供する上で課題が尽きることはないのです。

ドクターヘリ

問題点

・小さな地域で病院が減少している。

・人口過疎地域での病院運営は非効率的である。

・これらの課題により，地方の人々が医療を受けることが困難になっている。

解決策：ドクターヘリコプター

・医師や看護師が必要とされる場所にヘリコプターで移動し，地方で医療を提供する。

経費の問題とその解決策

・ヘリコプターの運用は高額となり得る。

・サービスを必要とする地域は豊富な資金を持たない場合が多い。

↓

・ 39

↓

・結果：日本の全ての県でドクターヘリを活用している。

利点

・ヘリコプターは道路が少ない場所にも到達できる。

・ヘリコプターは患者のいる場所へ迅速に到達する。

・医師が病院到着を待たずに，医療を提供できる。

・ 40

そのほかのあり得る用途

・ 41

課題と可能性

・緊急性が低い場合の医師派遣に利用できる

・ 42

問1 ポスターの 39 に最適な選択肢を選びなさい。

① 給料の低い医師や看護師を新たに雇うこと

② このプログラムに，より小型でより安価なヘリコプターを使用すること

③ 診療所における治療費の引き上げ

④ 中央政府から資金を得ること

ステップ1 リード文を読み，資料をざっと見て，状況を理解する

以下のリード文を読む。

You are working on a project about health services in Japan and have found the following article. You are reading it in order to make a poster as part of your presentation.

「あなたは日本の医療サービスに関するプロジェクトに取り組んでおり，以下の記事を見つけました。あなたは自分のプレゼンテーションの一部としてポスターを作成するためにこの記事を読んでいます。」

ここからわかるのは，

□ **日本の医療サービスに関する記事**

という点のみ。

ステップ2 設問文を読んで，読み取るべき情報をチェックする

　 39 　はドクターヘリの高額な経費に対する解決策を示す部分。本文から解決策を探す。

ステップ3 本文を読み，該当箇所でストップして設問を解く

　ドクターヘリの高額な経費を地方ではまかないきれない，という問題点は第3段落第2・3文（One of the issues at the beginning of the program was it was expensive for the more rural prefectures. These smaller prefectures often don't have a lot of money and they were asked to take on this new expense. 「プログラム開始当時の問題の1つは，それがより田舎の県にとっては高額であることでした。こういった小さな県は，あまり資金を持っていないことが多いのに，この新たな費用を負担するよう求められたのです。」）に書かれている。

　そして，これに対する解決策は，同段落第4文に示されている。

However, in 2007 a law was passed that gave national funds to the program.
「しかし，2007年に，このプログラムに国費を割り当てる法律が可決されました。」

　よって，正解は④中央政府から資金を得ることとなる。

問2　ポスターの　 40 　に最適な選択肢を選びなさい。
　① ヘリコプターは，国土の半分に及ぶ地域で利用することができる。
　② ヘリコプターが着陸するための特別な塔がある。
　③ より迅速な治療により，入院期間が短縮され，入院費用も安くなる。
　④ 救急車の利用台数を減らすことにより当プログラムは費用を抑えられる。

リード文を読み，資料をざっと見て，状況を理解する

問1の解説参照。

設問文を読んで，読み取るべき情報をチェックする

[40] はドクターヘリの「利点」の1つとして挙げられている部分なので，本文から「利点」を探す。

本文を読み，該当箇所でストップして設問を解く

ドクターヘリの利点については，第2段落後半と第4段落に挙げられている。

まず，第2段落第4文〜最終文で，病院に向かう途中でも治療が可能なので救急車よりも効果的である，との内容が書かれているが，この内容を表す選択肢はない。

次に，第4段落第1文に ... it can save money by offering quicker and better care to patients「より迅速かつ適切な医療を患者に提供することによって経費を削減することができます」とある。この理由は同段落第3文にあるように，通院期間が短縮できるからである。

よって，正解は③より迅速な治療により，入院期間が短縮され，入院費用も安くなる。となる。

問3 ポスターの [41] に最適な選択肢を選びなさい。
① ドクターヘリは被災地を支援することができる。
② ドクターヘリは医療支援を必要とする客船に着陸する機能を有している。
③ ドクターヘリは医師が使用しないときは，個人客を乗せることができる。
④ ドクターヘリは消防救助設備も備えている。

リード文を読み，資料をざっと見て，状況を理解する

問1の解説参照。

設問文を読んで，読み取るべき情報をチェックする

[41] はOther Possible Uses「そのほかのあり得る用途」の部分。ドクターヘリの一般的な用途以外についての記述を探す。

本文を読み，該当箇所でストップして設問を解く

第6段落第1文に ... the service can also be used for large-scale situations like natural calamities「この公共サービスは自然災害のような大規模な事態のために

利用することもできます」とあり，災害時におけるドクターヘリの活用について書かれている。

よって，正解は①ドクターヘリは被災地を支援することができる。となる。他の選択肢はいずれも本文中に記述がない。

問4　ポスターの　42　に最適な選択肢を選びなさい。
① ほとんどの航空機は悪天候ではうまく機能しない。
② ヘリコプターは現在，24時間体制で運用できない。
③ 遠くて行けない島がある。
④ プログラムに対する資金がまもなく枯渇する。

ステップ1　リード文を読み，資料をざっと見て，状況を理解する
問1の解説参照。

ステップ2　設問文を読んで，読み取るべき情報をチェックする
　42　はChallenges and Possibilities「課題と可能性」の部分なので，これに該当する記述を探す。なお，challengeは日本語の「チャレンジ」のような「挑戦」という意味では通常用いず，「課題，難題，試練」の意味で用いるのが一般的。

ステップ3　本文を読み，該当箇所でストップして設問を解く
最終段落第1文にchallengesという語があるので，この段落を読むと，第3文に

> The program also does not operate 24 hours a day, meaning some patients still cannot get quick help at certain times.「また，このプログラムは24時間体制での運営ではないため，一定の時間帯に迅速な処置が受けられない患者もいます。」

とある。

よって，正解は②ヘリコプターは現在，24時間体制で運用できない。となる。他の選択肢はいずれも本文中に記述がない。

リード文

□ work on 〜　〜に取り組む

□ health service　（公共の）医療

□ following 形 以下の

□ article 名 記事

□ in order to *do*　〜するために

第1段落

□ rural 形 田舎の，地方の

□ service 名 公益事業，公共サービス

□ compared to 〜　〜と比較して

□ inconvenient 形 不便な

□ emergency 名 緊急時，救急

□ health care　医療

□ countryside 名 田舎

□ populated
　　形 人口の多い，人口密度が高い

□ health center　保健所

□ due to 〜　〜のせいで

□ lack 名 不足，欠乏

□ patient 名 患者

□ medical 形 医療の，医学の

□ treatment 名 治療，処置

□ helicopter 名 ヘリコプター

□ issue 名 問題

第2段落

□ remote 形 遠く離れた

□ purpose 名 目的

□ invent 動 発明する

□ primarily 副 主に

□ transport 動 輸送する，運ぶ

□ distinct 形 別個の，異なった

□ in that ...　…という点で

□ treat 動 治療する

□ provide 動 提供する

□ care 名 治療，介護

□ flight 名 飛行

□ effective 形 効果的な

□ ambulance 名 救急車

□ prepare 動 備える，準備する

第3段落

□ at the beginning of 〜　〜の最初に

□ prefecture 名 県

□ take on 〜　〜を引き受ける，負う

□ expense 名 費用，出費

□ pass 動 可決する

□ national 形 国家の

□ fund 名 資金，財源

□ currently 副 現在は

□ local government　地方自治体

□ as a result　その結果

□ aircraft
　　名 航空機（ヘリコプターも含む）

□ participate 動 参加する

□ multiple 形 多数の

第4段落

□ pay for 〜　〜の費用を払う

□ save 動 節約する

□ offer 動 提供する

□ far-away 形 遠方の

☐ condition 图 状態，体調	☐ result in 〜 〜という結果になる
☐ recover 動 回復する	☐ outcome 图 結果，成果

第5段落

☐ make sure (that) ...	☐ schoolyard 图 校庭
必ず…するようにする	☐ parking lot 駐車場
☐ location 图 用地，敷地	☐ be close to 〜 〜の近くに
☐ land 動 着陸する	
☐ pick up 〜	
〜を拾い上げる，〜を乗せる	

第6段落

☐ mostly 副 主として	☐ significantly 副 著しく
☐ attention 图 治療，世話	☐ increase 動 増やす
☐ calamity 图 災害	☐ be ready to *do* すぐに〜できる
☐ military 图 軍隊	☐ permission 图 許可
☐ fire department 消防署	☐ agency 图 機関

第7段落

☐ challenge 图 課題，難題	☐ specialty doctor 専門医
☐ overcome 動 克服する	☐ periodic 形 定期的な
☐ look into 〜 〜を調査［検討］する	☐ operate 動 機能［活動］する
☐ possibility 图 可能性	☐ certain 形 一定の
☐ non-emergency 形 緊急でない	

ポスター

☐ community 图 共同体，地域社会	☐ benefit 图 利点
☐ inefficient 形 非効率的な	☐ instead of 〜 〜の代わりに
☐ solution 图 解決策	☐ urgent 形 緊急の

設問

☐ option 图 選択肢	☐ in use 使用されて
☐ hire 動 雇う	☐ be equipped with 〜
☐ salary 图 給料	〜が備え付けられて
☐ raise 動 上げる	☐ equipment 图 機器，備品
☐ clinic 图 診療所	☐ around the clock 24時間ずっと
☐ serve 動	☐ funding 图 資金
〜の役に立つ，〜のために働く	☐ run out 尽きる
☐ tower 图 塔	

第6問 A

　分数や倍数，数の増減，その他数量などに関する語彙。従来のセンター試験から一貫して，グラフや図表と関連付けて出題されている。金額や所要時間など，計算を必要とする問題も頻出。

特に出題が予想される大問 ⇨ 第1問・第2問・第3問・第4問

- ☐ estimate
  動 見積もる，推定する
- ☐ calculate **動** 計算する
- ☐ measure **動** 測定する
- ☐ account for 〜
  〜の割合を占める
- ☐ make up 〜　〜を構成する
- ☐ on average　平均して
- ☐ statistics **名** 統計
- ☐ analysis **名** 分析
- ☐ analyze **動** 分析する
- ☐ frequency **名** 頻度
- ☐ degree **名** 程度
- ☐ slightly **副** わずかに
- ☐ approximately **副** およそ
- ☐ significantly **副** 著しく
- ☐ remarkably **副** 著しく
- ☐ steadily **副** 着実に
- ☐ considerably **副** かなり
- ☐ gradually **副** 徐々に
- ☐ figure **名** 数値，図
- ☐ table **名** 表

- ☐ chart **名** 図表
- ☐ multiple **形** 複数の
- ☐ rate **名** 割合
- ☐ respectively **副** それぞれ
- ☐ amount **名** 量，額
- ☐ proportion **名** 割合，比率
- ☐ be proportional to 〜
  〜に比例して
- ☐ ratio **名** 比，比率
- ☐ skyrocket **動** 急上昇する
- ☐ surge **動** 急増する
- ☐ stable **形** 安定して
- ☐ fluctuate **動** 変動する
- ☐ relatively **副** 比較的
- ☐ participant **名** 参加者
- ☐ respondent **名** 回答者
- ☐ subject **名** 被験者
- ☐ exception **名** 例外
- ☐ category **名** 分類
- ☐ maximum **名** 最大
- ☐ minimum **名** 最小
- ☐ volume **名** 容量，体積

第6問 B

長文読解（論説文）

設問数	3 ～ 4 問
配点	12 点
解答時間	約 8 ～ 10 分
英文語数	約 550 ～ 790 語

難易度：★ ★ ★

例　題

You are studying about world ecological problems. You are going to read the following article to understand what has happened in Yellowstone National Park.

Yellowstone National Park, located in the northern United States, became the world's first national park in 1872. One of the major attractions of this 2.2-million-acre park is the large variety of animals. Some people say that Yellowstone is the best place in the world to see wolves. As of December 2016, there were at least 108 wolves and 11 packs (social families) in the park. By the 1940s, however, wolves had almost disappeared from Yellowstone National Park. Today, these wolves are back and doing well. Why have they returned?

The wolves' numbers had declined by the 1920s through hunting, which was not regulated by the government. Ranchers on large farms raising cattle, horses, and sheep did not like wolves because they killed their animals. When the wolves were on the point of being wiped out by hunting, another problem arose—the elk herds increased in number. Elk, a large species of deer, are the wolves' principal source of food in the winter. The elk populations grew so large that they upset the balance of the local ecosystem by eating many plants. People may like to see elk, but scientists were worried about the damage caused by the overly large population.

To solve this problem, the U.S. government announced their intention to release young wolves brought from Canada. It was hoped that the wolves would hunt the elk and help bring down the population. However, because many ranchers were against bringing back wolves, it took about 20 years for the government and the ranchers to agree on a plan. In 1974, a team was appointed to oversee the reintroduction of wolves. The government published official recovery plans in 1982, 1985, and finally in 1987. After a long period of research, an official environmental impact statement was issued and 31 wolves were released into Yellowstone from 1995 to 1996.

This project to reduce the number of elk was a great success. By 2006, the estimated wolf population in Yellowstone National Park was more than 100. Furthermore, observers believe that the wolves have been responsible for a decline in the elk population from nearly 20,000 to less than 10,000 during the first 10 years following their introduction. As a result, a lot of plants have started to grow back. The hunting of wolves is even allowed again because of the risk from wolves to ranchers' animals. While hunting wolves because they are perceived as a threat may seem like an obvious solution, it may cause new problems. As a study published in 2014 suggested, hunting wolves might increase the frequency of wolves killing ranchers' animals. If the leader of a wolf pack is killed, the pack may break up. Smaller packs or individual wolves may then attack ranchers' animals. Therefore, there is now a restriction on how many wolves can be hunted. Such measures are important for long-term management of wolf populations.

問1 The decline of wolves in Yellowstone National Park in the early 1900s resulted in ⬚43⬚.
① a decrease in the number of hunters, which was good for the wolves
② a decrease in the number of ranchers, which reduced the human population
③ an increase in the number of elk, which damaged the local ecosystem
④ an increase in the number of trees and plants, which helped elk to hide

問2 Out of the following four graphs, which illustrates the situation the best?
⬚44⬚
①

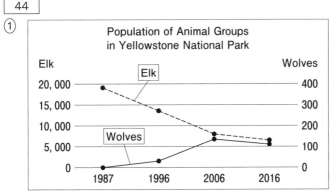

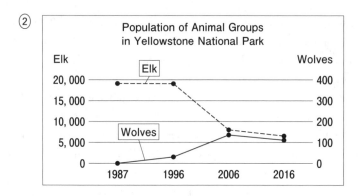

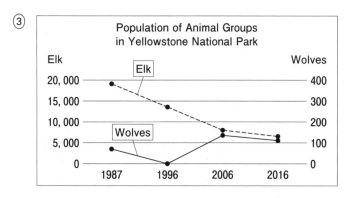

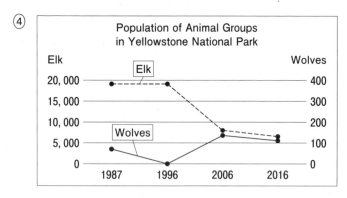

問3 According to the article, which two of the following tell us about the current situation in the park? (**Choose two options.** The order does not matter.)

45 · 46

① More travelers are visiting the park than thirty years ago.

② One species was saved but another has become extinct instead.

③ People have started hunting wolves around this area again.

④ The park has both wolves and elk, as well as rich vegetation.

⑤ There is a new rule to reduce the elk population in the park.

問4 The best title for this article is 47 .

① A Decrease in the Number of Ranchers' Animals

② Addressing Problems With Nature's Balance

③ Nature Conservation Around the World

④ Releasing Elk in National Parks

（試行調査）

第6問

B

ステップ1 リード文を読み，資料をざっと見て，状況を理解する

リード文（状況などを説明している最初の文）を丁寧に読む。また，グラフや図表などの**資料にも軽く目を通して主題をつかむ**。

▶ **状況設定やテーマがわかる**ので，この後の英文をスムーズに理解できるようになる。

ステップ2 設問文を読んで，読み取るべき情報をチェックする

設問文を読む（誤った情報が頭に残ってしまう可能性があるので，**原則として選択肢は読まない**。ただし，設問文の情報が少ない場合は選択肢に軽く目を通す）。

▶ **本文および資料から読み取るべき情報**が明確になる。

ステップ3 本文を読み，該当箇所でストップして設問を解く

本文を読み進め，必要な情報を発見したら，いったんストップして設問を解く。必要に応じて資料を参照する。

▶ 通読して内容を把握するというより，**情報を検索するような読み方をする**のがポイント。

解答 問1 ③ 問2 ② 問3 ③・④ 問4 ②

英文訳

あなたは世界の生態系の問題について勉強しています。イエローストーン国立公園で何が起こったかを理解するために以下の記事を読もうとしています。

アメリカ北部に位置するイエローストーン国立公園は，1872年に世界初の国立公園となりました。この220万エーカーの公園の大きな魅力の1つは，多種多様な動物がいることです。イエローストーンは，世界で最もオオカミを見るのに適した場所だと言う人もいます。2016年12月時点で，公園内には少なくとも108頭のオオカミと11の群れ（群居する家族）が生息していました。しかしながら，1940年代

までにイエローストーン国立公園からオオカミはほぼ姿を消していたのです。現在では，これらのオオカミたちは戻ってきて元気に生活しています。なぜオオカミたちは戻ってきたのでしょうか？

　政府が規制していなかったので，1920年代までに狩猟によってオオカミの数は減少していました。牛や馬，羊などを育てる大牧場の経営者たちは，飼っている動物を殺すのでオオカミを嫌っていました。狩猟によってオオカミが絶滅しそうになったとき，ヘラジカの群れが増えるという別の問題が発生しました。ヘラジカは大型の鹿の一種で，オオカミの冬の主な食料源となっています。ヘラジカの数が増え，多くの植物を食べることで地域の生態系のバランスを崩してしまいました。人々はヘラジカを見るのが好きかもしれませんが，科学者たちはあまりに個体数が増えたことによる被害を心配していました。

　この問題を解決するために，アメリカ政府はカナダから連れてきた若いオオカミを放すという意向を発表しました。オオカミがヘラジカを捕食し，個体数を減らしてくれることが期待されました。しかし，多くの牧場経営者がオオカミを戻すことに反対したため，政府と牧場経営者が計画に合意するのに約20年を要しました。1974年には，オオカミの再導入を監視するチームが任命されました。政府は1982年，1985年，そして最後は1987年に，正式な回復計画を発表しました。長い調査期間を経て正式な環境影響評価書が発行され，1995年から1996年にかけて31頭のオオカミがイエローストーンに放たれました。

　ヘラジカの数を減らすこの計画は大成功を収めました。2006年までに，イエローストーン国立公園のオオカミの推定個体数は100頭を超えました。さらに，オオカミを導入してから最初の10年間でヘラジカの個体数が2万頭近くから1万頭未満にまで減少したのは，オオカミのおかげだと観察者は考えています。その結果，多くの植物が再び生え始めました。牧場で飼われている動物に対してオオカミが危険となるため，オオカミ狩りも再び許可されました。脅威と認識されているがゆえにオオカミを狩ることは明白な解決策のように思えますが，新たな問題を引き起こす可能性があります。2014年に発表された研究が示唆するように，オオカミを狩ることで，オオカミが牧場の動物を殺す頻度が高まるかもしれないのです。オオカミの群れのリーダーが殺されると，その群れは分裂するかもしれません。すると，小さな群れや個々のオオカミが牧場の動物を襲う可能性があります。そのため，現在はオオカミ狩りが認められる頭数に制限を設けています。このような対策は，オオカミの個体数を長期的に管理する上で重要です。

問1　1900年代初頭のイエローストーン国立公園でのオオカミの減少は　43　を引き起こした。

① オオカミにとって良いことであった，ハンターの数の減少

② 人間の人口を減らした，牧場経営者の数の減少

③ 地域の生態系に害を及ぼした，ヘラジカの数の増加

④ ヘラジカが身を隠すのを助けた，樹木や草花の数の増加

ステップ1　リード文を読み，資料をざっと見て，状況を理解する

以下のリード文を読む。

> You are studying about world ecological problems. You are going to read the following article to understand what has happened in Yellowstone National Park.
>
> 「あなたは世界の生態系の問題について勉強しています。イエローストーン国立公園で何が起こったかを理解するために以下の記事を読もうとしています。」

　□ テーマは「生態系の問題」で，舞台は「イエローストーン国立公園」。

ということがわかった。

　資料は問2にグラフがあり，タイトルは "Population of Animal Groups in Yellowstone National Park"「イエローストーン国立公園での動物群の個体数」。

　また，グラフの左右に "Elk"「ヘラジカ」と "Wolves"「オオカミ」とあるので，**この2種類の動物の個体数がどのように推移したかがポイントになる**（elk という語を知っている必要はなく，動物の種類だとわかれば十分）。

ステップ2　設問文を読んで，読み取るべき情報をチェックする

　問われているのはオオカミの減少による結果。result in 〜の後には〈結果〉を表す語句が続く（result from 〜の後には〈原因〉）。

　in the early 1900s「1900年代初頭」と時期が明確に書かれているので，探しやすいはず。

ステップ3　本文を読み，該当箇所でストップして設問を解く

　第2段落第1文に The wolves' numbers had declined by the 1920s through hunting, ... とあり，the 1920s「1920年代」が設問の in the early 1900s「1900年代初頭」に該当する。さらにオオカミの減少についても書かれているので，その「結果」にあたる記述を探す。

すると，同段落第3文にWhen the wolves were on the point of being wiped out by hunting, another problem arose—the elk herds increased in number.「狩猟によってオオカミが絶滅しそうになったとき，ヘラジカの群れが増えるという別の問題が発生しました。」とある。

また，ヘラジカの増加の影響については，同段落第5文にThe elk populations grew so large that they upset the balance of the local ecosystem by eating many plants.「ヘラジカの数が増え，多くの植物を食べることで地域の生態系のバランスを崩してしまいました。」とある。

よって，正解は③地域の生態系に害を及ぼした，ヘラジカの数の増加となる。

問2 次の4つのグラフのうち，状況を最もよく説明しているのはどれか。 44
① ② ③ ④ （グラフ省略）

ステップ1 リード文を読み，資料をざっと見て，状況を理解する
問1の解説参照。

ステップ2 設問文を読んで，読み取るべき情報をチェックする
グラフを見ると，オオカミとヘラジカの個体数の増減を時系列で示していることがわかる。そこで，それぞれの増減についての記述を本文から探すことになる。なお，グラフは1987年以降を対象にしているので，それより前についての記述はチェックする必要は無い。

ステップ3 本文を読み，該当箇所でストップして設問を解く
1987年という年代は第3段落第5文に出てくるが，これはオオカミを放す計画が発表されただけである。続いて，同段落最終文に，1995年から1996年にかけて31頭のオオカミが放たれたとあるので，1996年時点でそれだけの数がいたはずだ。これを正しく表しているグラフは①と②なので，この2つに絞られた。
続いて，ヘラジカの個体数の推移に目を向けよう。最終段落第3文に ... the wolves have been responsible for a decline in the elk population from nearly 20,000 to less than 10,000 during the first 10 years following their introduction「オオカミを導入してから最初の10年間でヘラジカの個体数が2万頭近くから1万頭未満にまで減少したのは，オオカミのおかげだ」とある。
よって，1996年からの10年間で2万→1万となっている②が正解となる。

問3 記事によると，公園の現状について伝えているのは次のうちどの2つか。（**2つの選択肢を選びなさい。**順序は問わない。） 45 ・ 46

① 30年前よりも多くの旅行者が公園を訪れている。

② 1つの種が救われたが，代わりに別の種が絶滅した。

③ 人々は再びこの地域のあちこちでオオカミ狩りを始めた。

④ 公園には豊かな植生に加え，オオカミとヘラジカの両方がいる。

⑤ 公園内のヘラジカの個体数を減らすための新しい規則がある。

ステップ1 リード文を読み，資料をざっと見て，状況を理解する

問1の解説参照。

ステップ2 設問文を読んで，読み取るべき情報をチェックする

公園の現状について問われている。一般的に年代ごとの推移を示すグラフがある場合，本文も状況の推移を時系列に沿って記述することになるので，「現状」については最後の方に書かれるだろう（未来への予測などが最後に来る場合は別）。時制は現在時制（現在完了形・現在進行形含む）で書かれることが予想される。

ステップ3 本文を読み，該当箇所でストップして設問を解く

最終段落第2文に，2006年時点でオオカミの個体数は100頭を超えていたとある（第1段落第4文より，2016年時点でも100頭以上いることがわかる）。また最終段落第5文にオオカミ狩りが再び許可されているとある。

最終段落第3文にはヘラジカが1万頭未満に減少したとあり，第4文には植物が復活したとある。

以上により，現状としては，オオカミ狩りは再開し，オオカミ・ヘラジカ・植物が共存していると解釈できる（②は誤り）。

①と⑤は本文中に記述がない。

よって，正解は③・④となる。

問4 この記事に最適なタイトルは 47 である。

① 牧場経営者が飼っている動物の数の減少

② 自然のバランスに関する問題への対処

③ 世界中の自然保護

④ 国立公園内でのヘラジカの解放

問1の解説参照。

タイトルを選ぶ問題，ということだけ確認すればよい。

　タイトルは，本文全体が主題として扱っている内容であり，仮に本文に書かれている正しい内容であっても，本文の一部にしか出てこないものは不正解となる。

　本文では国立公園内での生態系のバランスがテーマとなっており，以下のような展開になっている

オオカミ狩りによりオオカミの個体数減少（第1〜2段落）
↓
捕食されなくなったヘラジカが増加（第2段落）
↓
植物が食べ尽くされ生態系のバランスが崩れる（第2段落）
↓
オオカミを解放しヘラジカの数を抑制（第3〜4段落）
↓
植物が復活（第4段落）
↓
オオカミ狩りも再開されたが制限付き（第4段落）

　よって，正解は②自然のバランスに関する問題への対処となる。

❖誤答分析❖
　　①　牧場経営者が飼っている動物の数の減少
　　　　⇒オオカミに家畜が食べられてしまうとの記述は第2段落第2文にあるが，全体の主題ではない。
　　③　世界中の自然保護
　　　　⇒特定の国立公園内での話なので，「世界中」ではない。
　　④　国立公園内でのヘラジカの解放
　　　　⇒解放されたのはヘラジカではなくオオカミ（第3段落最終文）なので誤り。

第6問B

着眼点

・年代や数値が設問に含まれる場合は，他のキーワードではなく数字を本文中で検索すると該当箇所を素早く発見できる。

・タイトルを選ぶ問題は，記述内容が本文と合致しているだけでは正解にならない。本文全体で扱われている主題であるかどうかをチェックする（最初と最後の段落に出てくる内容であれば正解と考えてよい）。

語句

リード文

☐ ecological 形 生態系の ☐ national park 国立公園

第1段落

☐ major 形 主要な
☐ attraction 名 呼び物，人を引きつける物
☐ variety 名 多様性
☐ as of ～ ～時点で
☐ at least 少なくとも
☐ pack 名 （野生動物の）群れ

第2段落

☐ decline 名/動 減少（する）
☐ regulate 動 規制する
☐ government 名 政府
☐ rancher 名 牧場経営者
☐ raise 動 育てる，飼育する
☐ cattle 名 牛（の群れ）
☐ be on the point of ～ ～の間際で
☐ wipe out ～ ～を全滅させる，根絶する
☐ arise 動 生じる
☐ elk 名 ヘラジカ
☐ herd 名 （動物の大きな）群れ
☐ species 名 種
☐ deer 名 鹿
☐ principal 形 主要な
☐ population 名 （動物の）個体数
☐ upset 動 乱す，狂わせる
☐ local 形 地元の，地域の
☐ ecosystem 名 生態系
☐ overly 副 過度に

第3段落

☐ announce 動 発表する，告知する
☐ intention 名 意図
☐ release 動 放つ，解放する
☐ bring down ～ ～を低下させる
☐ bring back ～ ～を戻す，復活させる
☐ agree on ～ ～について意見が一致する，合意する
☐ appoint 動 任命する
☐ oversee 動 監督する，監視する
☐ reintroduction 名 再導入
☐ publish 動 公表する
☐ official 形 正式な，公式の
☐ recovery 名 回復
☐ research 名 調査，研究

- [ ] environmental 形 環境の
- [ ] impact 名 影響
- [ ] statement 名 声明，報告書
- [ ] issue 動 発する，発行する

第4段落

- [ ] project 名 計画，企画
- [ ] reduce 動 減らす
- [ ] estimate 動 推定する
- [ ] furthermore 副 さらに，その上
- [ ] observer 名 観察者，監視者
- [ ] be responsible for ～
  ～の原因となって
- [ ] following 前 ～の後で
- [ ] introduction 名 導入
- [ ] as a result 結果的に
- [ ] grow back
  再び生長する，再び生える
- [ ] allow 動 許可する
- [ ] perceive 動 認識する，理解する
- [ ] threat 名 脅威
- [ ] obvious 形 明白な
- [ ] solution 名 解決法，解決策
- [ ] suggest 動 示唆する
- [ ] frequency 名 頻度
- [ ] break up （集団などが）解散する，ば
  らばらになる
- [ ] individual 形 個々の
- [ ] attack 動 襲う，攻撃する
- [ ] therefore 副 それゆえに，したがって
- [ ] restriction 名 制限
- [ ] measure(s) 名 対策，措置
- [ ] long-term 形 長期的な
- [ ] management 名 管理

設問

- [ ] result in ～
  ～という結果になる，～を引き起こす
- [ ] illustrate 動 説明する
- [ ] situation 名 状況
- [ ] current 形 現在の
- [ ] traveler 名 旅行者
- [ ] save 動 救う
- [ ] extinct 形 絶滅して
- [ ] instead 副 代わりに
- [ ] as well as ～ ～だけではなく
- [ ] vegetation 名 植生，植物
- [ ] address 動 取り組む
- [ ] conservation 名 （自然の）保護

第6問 B

You are in a group that is making a presentation on food waste at a community meeting. You base some of your research on the following article.

When people think about food waste, the most common image is food that goes bad before people remember to cook it. Most people have bought too much of some kind of vegetable which rotted before they could use it all. Over 6 million tons of food is wasted every year in Japan, but this type of waste is only part of the problem.

As food gets older at stores, it is often thrown away by stores before customers can buy it. Even before that, some food is thrown away by farmers instead of being sold to stores. A study of food waste in Europe showed that while households were the largest source of food waste, farms and food production factories were only a few percentage points behind. Restaurants were about half the amount of farms, and grocery stores were half of restaurants.

Some of the food waste that happens before people buy it occurs because the produce does not fit standards set by the industry for size and shape. Sometimes these crops are considered not fit to be sold as they are, but sometimes it's just because they look different. These are known as "imperfect produce."

These standards exist for a reason, since these plants can cause problems during shipping and storing, and extremely small fruits are unlikely to be bought at all. Also, some imperfect produce is used for purposes where the appearance of the plant doesn't matter. Things like juices and sauces are usually made from imperfect produce. Farm animals are often fed with these plants as well. Still, with food waste being such a big problem, many people have tried to find a way to use these "ugly" fruits and vegetables.

An early attempt to use imperfect produce was made in California in the 1980s. A farmer named Mike Yurosek couldn't sell his oddly-shaped carrots, so he developed a method of peeling and chopping them into small, thumb-sized pieces called "baby carrots." These pieces were the perfect size for eating as a snack. Today, around 70% of the carrots sold in the United States are baby carrots.

Some new methods to deal with imperfect produce don't even try to hide the ugly nature of the produce. Shops in the United Kingdom offer imperfect produce at a discount and there are several companies in the US that allow you to buy a box of imperfect produce each week at a discount. In each case, the sellers aren't hiding the fact that the produce looks unusual. In a way, they're asking customers to reconsider what sort of produce they're willing to buy. If more people are willing to buy "ugly" vegetables, there might be less concern about stocking them in stores. If similar programs are started in Japan, it could go a long way to reducing waste.

問1　The article mentions that ⬚43⬚.
　① grocery prices are higher because stores can't sell all their produce
　② food waste is much more a problem now than in the past
　③ a great amount of food waste happens before customers buy food
　④ customers usually care more about appearance than nutrition

問2　Which of the following graphs best represents the information found in the article?　⬚44⬚

① 　　Food Waste By Category

② 　　Food Waste By Category

③ 　　Food Waste By Category

④ 　　Food Waste By Category

問3　According to the article, what are methods for lessening food waste? (**Choose two options.** The order does not matter.)　45 ・ 46

① Preparing irregular vegetables in a more pleasing way
② Breeding plants that produce more regularly shaped fruit
③ Harvesting vegetables while they are young and smaller
④ Providing irregular vegetables for a discount price
⑤ Growing food closer to cities so they are fresher in stores

問4　The best title for this article is　47 .

① How Food Waste Inspired the Creation of Baby Carrots
② More Efficient Ways for Farmers to Grow Food
③ Limiting Food Waste by Using Unwanted Produce
④ The History of Food Waste and Marketing

解答 問1 ③ 問2 ① 問3 ①・④ 問4 ③

英文訳

あなたは，地域の会合で食品廃棄物に関するプレゼンテーションを行うグループに所属しています。あなたは，次の記事に基づいて一部の調査を行います。

食品廃棄物について考えるとき，最も一般的なイメージは，料理し忘れているうちに腐ってしまう食品です。ほとんどの人が，ある種の野菜を買いすぎて，使い切る前に腐ってしまった経験があるでしょう。日本では毎年600万トン以上の食品が無駄にされていますが，このタイプの廃棄は問題の一部にすぎません。

食品は店頭で古くなると，客が購入できないうちに店によってよく捨てられてしまいます。それ以前にも，農家が店に売らずに捨ててしまう食品もあります。ヨーロッパにおける食品廃棄物の調査によると，家庭が最大の食品廃棄源ですが，農場と食品生産工場はわずか数パーセントそれを下回っているにすぎませんでした。レストランは農場の廃棄量の約半分，食料品店はレストランの半分でした。

人々が購入する前に生じる食品廃棄の中には，業界が定めた大きさや形の基準に農産物が適合していないという理由で起こるものもあります。これらの作物は，そのままでは販売に適さないと見なされている場合もありますが，単に見た目が違うという理由の場合もあります。これらは「訳あり農産物」として知られています。

こうした基準が存在するには理由があり，これらの植物は出荷や保管の際に問題を起こす可能性があるし，極端に小さい果物は全く売れない可能性が高いからです。そしてまた，訳あり農産物の中には，植物の外見が問題にならない用途で使用されるものもあります。ジュースやソースなどの製品は，訳あり農産物から作られるのが普通です。家畜にもこうした農産物がよく与えられます。それでも，食品廃棄がこのように大きな問題となっている中，多くの人々がこれらの「不格好な」野菜や果物を利用する方法を見いだそうとしてきました。

訳あり農産物を利用しようとする初期の試みは1980年代にカリフォルニアで行われました。マイク・ユロセックという農場経営者は，奇妙な形のニンジンが売れなかったので，皮をむき，「ベビーキャロット」と呼ばれる，親指くらいの大きさに細かく切る方法を開発しました。これはおやつとして食べるのに最適な大きさでした。今日，アメリカで販売されているニンジンの約7割がベビーキャロットとなっています。

訳あり農産物を扱う新しい方法の中には，農産物の不格好さを隠そうとさえしな

いものがあります。イギリスでは，訳あり農産物を値引きして提供する店があり，アメリカでは，訳あり農産物を毎週1箱，割引価格で購入させてくれる会社がいくつかあります。いずれの場合も，売り手はその農産物の外見が普通と違っていることを隠していません。そのような売り手は，ある意味で，客がどのような農産物を進んで買うのかを再考するよう彼らに求めているのです。「不格好な」野菜を進んで買う人が増えれば，店で在庫を抱えることへの不安が少なくなるかもしれません。日本でもこのような取り組みが開始されれば，食品廃棄の削減に大いに役立つかもしれません。

解説

問1　記事では，| 43 |と述べている。

① 食料品の価格は，店が全ての農産物を売れるわけではないため，より高くなっている
② 食品廃棄物は現在，以前よりはるかに大きな問題となっている
③ 客が食品を購入する前に，大量の食品廃棄物が発生している
④ 客は通常，栄養よりも見た目を気にする

ステップ1 リード文を読み，資料をざっと見て，状況を理解する

以下のリード文を読む。

You are in a group that is making a presentation on food waste at a community meeting. You base some of your research on the following article.
「あなたは，地域の会合で食品廃棄物に関するプレゼンテーションを行うグループに所属しています。あなたは，次の記事に基づいて一部の調査を行います。」

「食品廃棄物」がテーマであることがわかった。

ステップ2 設問文を読んで，読み取るべき情報をチェックする

設問文から得られる情報がないので，選択肢にざっと目を通す。すると，以下の情報を本文からチェックすべきであることがわかる。

　①⇒食料品の価格が高い理由は？
　②⇒食品廃棄物は昔と今とどちらが大きな問題？
　③⇒食品が大量廃棄されるのはいつ？
　④⇒客は見た目と栄養のどちらを重視？

食品が廃棄される段階について，第2段落に記述がある。同段落第1文に，As food gets older at stores, it is often thrown away by stores before customers can buy it.「食品は店頭で古くなると，客が購入できないうちに店によってよく捨てられてしまいます。」とあるので，正解は③客が食品を購入する前に，大量の食品廃棄物が発生しているとなる。

❖誤答分析❖

①については，価格が高くなる理由について本文中で言及されていない。②と④については，本文でこのような比較はなされていない。

問2 以下のグラフのうち，記事にある情報を最もよく表しているのはどれか。 44

① ② ③ ④ （グラフ省略）

問1の解説参照。

グラフのタイトルはFood Waste By Category「カテゴリー別の食品廃棄物」となっており，挙げられているカテゴリーは**Households「家庭」/ Farms「農場」/ Industry「（食品）製造業」/ Restaurants「レストラン」/ Groceries「食料品店」**となっているので，これらのカテゴリーごとの数値を探すことになる。

第2段落第3文にA study of food waste in Europe showed that while households were the largest source of food waste, farms and food production factories were only a few percentage points behind.「ヨーロッパにおける食品廃棄物の調査によると，家庭が最大の食品廃棄源ですが，農場と食品生産工場はわずか数パーセントそれを下回っているにすぎませんでした。」とあり，「家庭」が1位で，「農場」と「食品生産工場（≒食品製造業）」がわずかに家庭を下回ることがわかった。現段階でグラフ①③に絞られる（②は「家庭」が1位ではないし，④は「家庭」が2位・3位に大きく差をつけてしまっている）。

さらに，第2段落最終文には，Restaurants were about half the amount of farms, and grocery stores were half of restaurants.「レストランは農場の廃棄量の約半分，食料品店はレストランの半分でした。」とあるので，③が誤りだとわ

かる（③は「食料品店」が「レストラン」より多い）。

よって，正解は①となる。

問3 記事によると，食品廃棄物を減らすための方法は何か。（**選択肢を2つ選びなさい。**
順序は問わない。） 45 ・ 46

① 不揃いの野菜をより喜ばれる方法で整えること
② より均等な形の果実を作る植物を栽培すること
③ 野菜が若くて小さいうちに収穫すること
④ 不揃いの野菜を割引価格で提供すること
⑤ より新鮮な状態で店頭に出せるよう，都市に近い場所で食物を栽培すること

ステップ1 リード文を読み，資料をざっと見て，状況を理解する

問1の解説参照。

ステップ2 設問文を読んで，読み取るべき情報をチェックする

問われているのは「食品廃棄物を減らすための方法」なので，具体的な方法が書かれている箇所を探す。

ステップ3 本文を読み，該当箇所でストップして設問を解く

An early attempt to use imperfect produce ...「訳あり農産物を利用しようとする初期の試みは…」で始まる第5段落では，形の悪いニンジンを小さく切って食べやすくした「ベビーキャロット」の説明があり，これが①不揃いの野菜をより喜ばれる方法で整えることに該当する。

また，Some new methods to deal with imperfect produce ...「訳あり農産物を扱う新しい方法の中には，…」で始まる最終段落では，イギリスやアメリカで不揃いの農産物を at a discount「割引価格で」売るという方法が書かれている。これが④不揃いの野菜を割引価格で提供することに該当する。

よって，正解は①・④となる。他の選択肢はいずれも本文中に記述がない。

問4 この記事に最適なタイトルは 47 である。

① 「ベビーキャロット」の誕生はどのようにして食品廃棄物から着想を得たか
② 農家が食物を栽培するより効率的な方法
③ 望まれない農産物を利用することによる食品廃棄物の削減
④ 食品廃棄物とマーケティングの歴史

ステップ1 リード文を読み，資料をざっと見て，状況を理解する

問1の解説参照。

ステップ2 設問文を読んで，読み取るべき情報をチェックする

タイトルを選ぶ問題なので，本文全体で扱われているテーマを確認する。

ステップ3 本文を読み，該当箇所でストップして設問を解く

本文を概観すると，第1・2段落では食品廃棄物が生じる経緯，第3段落では食品廃棄物の中でも「訳あり農産物」の用途，第4段落以降では「訳あり農産物」の活用法とそれによる食品廃棄物の削減について書かれている。この内容をほぼ全てカバーする③望まれない農産物を利用することによる食品廃棄物の削減が正解。

❖誤答分析❖

①は第5段落に書かれているが，訳あり農産物の使用法の一例として挙げられているだけなので，タイトルにはふさわしくない。

②の「栽培方法」は本文中に記述がない。

④は，第5段落の「ベビーキャロット」が1980年代の試みなので「歴史」という要素が含まれ，マーケティング［販売戦略］とも言えるが，全体をカバーしているとは言えない。

 着眼点

タイトルを選ぶ問題は，本文のどこかに書かれていれば正解というわけではなく，全体の内容をカバーする表現でなくてはならない。全体をカバーするかどうかの判断が難しい場合は，本文の最初と最後をカバーしているかどうかをチェックするとよい。最初と最後をカバーしていれば，全体をカバーしていると考えてほぼ間違いない。

語句

リード文

☐ presentation
　图 プレゼンテーション，発表

☐ food waste　食品廃棄物

☐ base *A* on *B*　AをBに基づかせる

第1段落

☐ common 形 普通の，一般的な

☐ image 图 印象，イメージ

☐ go bad　腐る

☐ remember to *do*　忘れずに〜する

☐ vegetable 图 野菜

☐ rot 動 腐る

☐ waste 動 無駄にする／图 廃棄物

第2段落

☐ throw away 〜　〜を捨てる

☐ customer 图 （店の）客

☐ farmer 图 農場経営者

☐ instead of 〜　〜の代わりに

☐ household 图 家庭

☐ source 图 源，原因

☐ production 图 生産

☐ grocery store　食料品店

第3段落

☐ produce 图 農産物

☐ fit 動 合う，適合する／形 適して

☐ standard 图 基準

☐ set 動 定める，設定する

☐ industry 图 産業，業界

☐ crop 图 農作物

☐ as S is　そのままの状態で

☐ imperfect 形 不備［欠陥］のある

第4段落

☐ exist 動 存在する

☐ plant 图 植物

☐ shipping 图 輸送，発送

☐ storing 图 保管，保存

☐ extremely 副 極端に

☐ be unlikely to *do*
　〜する可能性が低い

☐ purpose 图 目的

☐ appearance 图 外見

☐ matter 動 重要である，問題となる

☐ juice 图 ジュース

☐ sauce 图 ソース

☐ be made from 〜　〜から作られて

☐ feed 動 食べさせる

☐ 〜 as well　〜も

☐ still 副 それでもなお

☐ ugly 形 醜い，不格好な

第5段落

☐ attempt 图 試み

☐ oddly-shaped 形 奇妙な形の

☐ carrot 图 ニンジン

☐ develop 動 開発する

☐ method 图 方法，手法

☐ peel 動 皮をむく

☐ chop 動 切り刻む，細かく切る

☐ thumb 图 親指

□ snack 名 間食，軽食

第6段落

□ nature 名 性質

□ offer 動 提供する

□ at a discount
　割引価格で，値引きして

□ company 名 会社，企業

□ unusual 形 普通でない

□ in a way　ある意味で

□ reconsider 動 再考する

□ be willing to *do*　進んで〜する

□ concern 名 不安，懸念

□ stock 動 在庫を持つ

□ go a long way to 〜
　〜に大いに役立つ

設問

□ mention 動 述べる

□ grocery 名 食料品

□ in the past　過去に

□ nutrition 名 栄養

□ represent 動 表す

□ by category
　カテゴリー別の，部門別の

□ irregular 形 不揃いの

□ pleasing 形 喜ばれるような

□ breed 動 育てる，栽培する

□ harvest 動 収穫する

□ grow 動 栽培する

□ inspire 動 着想を与える

□ limit 動 抑える

□ unwanted 形 望まれない，不要の

□ marketing
　名 マーケティング［販売戦略］

議論や賛成・反対などの主張，意見などに関する語彙。ディスカッションや対立する意見・評価の紹介，学校や地域社会における問題を解決するための提案などの題材が予想される。「意見」と「事実」を区別させる問題とも関連付けて出題されやすい。

特に出題が予想される大問 ⇨ 第2問・第3問・第4問

- □ comment 图 コメント，批評
- □ controversial 厖 論争を招くような
- □ object to ～ / be opposed to ～ / oppose ～　～に反対する
- □ challenge 働 異議を唱える
- □ opponent 图 反対者
- □ proponent 图 支持者
- □ neutral 厖 中立的な
- □ favorable 厖 好意的な
- □ advantage 图 利点
- □ disadvantage 图 欠点
- □ on the other hand　他方で
- □ on the contrary　反対に
- □ in contrast　対照的に
- □ affirmative / positive 厖 肯定的な

- □ negative 厖 否定的な
- □ refute 働 論破する
- □ contradict 働 反論する，矛盾する
- □ consistent 厖 首尾一貫した
- □ inconsistent 厖 一貫性のない
- □ evidence 图 証拠
- □ proof 图 証明
- □ prove 働 証明する
- □ demonstrate 働 実証する
- □ exception 图 例外
- □ except for ～　～を除いて
- □ ground / basis / reason 图 根拠
- □ groundless 厖 根拠のない
- □ logical 厖 論理的な
- □ illogical 厖 非論理的な
- □ moderator 图 司会者